KEMAL SAYAR

1966 yılında Ordu'da dünyaya gelen Kemal Sayar, ilk ve orta öğrenimini Zonguldak Hisarönü 27 Mayıs İlkokulu'nda ve Eskişehir Anadolu Lisesi'nde tamamladıktan sonra, 1989 yılında Hacettepe Üniversitesi (İngilizce) Tıp Fakültesi'nden mezun oldu. 1989-1995 yılları arasında Marmara Üniversitesi Tıp Fakültesi Psikiyatri Anabilim Dalı'nda uzmanlık eğitimine devam etti. 2000 yılında psikiyatri doçenti, 2008 yılında psikiyatri profesörü oldu. Çeşitli ulusal ve uluslararası dergilerde danışmanlık ve hakemlik yaptı. Psikiyatri konulu çok sayıda kongre ve sempozyumda düzenleyici ve konuşmacı olarak yer aldı. 2002 yılında, Kanada McGill Üniversitesi Transkültürel Psikiyatri Bölümü'nde konuk öğretim üyesi olarak çalıştı. Bakırköy ve Erenköy Ruh Sağlığı ve Sinir Hastalıkları Hastanelerinde klinik şefliği görevlerini yürüttü. Halen Marmara Üniversitesi Tıp Fakültesi psikiyatri anabilim dalı öğretim üyesidir. Mesleki çalışmalarının yanı sıra, Açık Radyo ve Star TV'de Ruhun Labirentleri, TRT'de İnsanlık Hali adlı programı hazırladı ve sundu..

Kapı Yayınları 550
Psikoloji 7

Hüzün Hastalığı
Kemal Sayar

1-2. Basım: Ocak 2017-Aralık 2017
3. Basım: Şubat 2019

ISBN: 978-605-5147-89-1
Sertifika No: 10905

Editör: Didem Ünal
Kapak Tasarımı: Füsun Turcan Elmasoğlu
Sayfa Tasarımı: Mürüvet Durna

Kapı Yayınları
Ticarethane Sokak No: 15 Cağaloğlu/İstanbul
Tel: (212) 513 34 20-21 Faks: (212) 512 33 76
e-posta: bilgi@kapiyayinlari.com
www.kapiyayinlari.com

Baskı ve Cilt
Melisa Matbaacılık
Matbaa Sertifika No: 12088
Çiftehavuzlar Yolu Acar Sanayi Sitesi No: 8 Bayrampaşa/İstanbul
Tel: (212) 674 97 23 Faks: (212) 674 97 29

Genel Dağıtım
Alfa Basım Yayım Dağıtım San. ve Tic. Ltd. Şti.
Ticarethane Sokak No: 15 Cağaloğlu/İstanbul
Tel: (212) 511 53 03 Faks: (212) 519 33 00

Kapı Yayınları, Alfa Yayın Grubu'nun tescilli markasıdır.

KEMAL SAYAR

Hüzün Hastalığı

kapı

İÇİNDEKİLER

"Yalnız hüznü vardır
kalbi olanın"

İlhami Çiçek

"Hüzün duyabilen her ruh,
iyiliğe muktedirdir."

Harriet Beecher Stowe

ÖNSÖZ

Bu kitapta derlenen yazıları, mesleğinin başlarında heyecanlı bir tabip olarak kaleme almıştım. Yirmi bir yılda yaşlandım, yeni tartışma ve kavramlarla tanıştım, daha ihtiyatlı bir insan oldum belki ama bu kitabın ruhuna hep sadık kaldım. Hatta diyebilirim ki mesleğimin başında ilgi duyduğum konularla bugün de ilgileniyor, üzerlerinde bugün de kalem oynatmaya çalışıyorum. O yıllarda yazdığım yazıların bir kısmı bugün bana biraz naif görünüyor ancak bu halimi de sevdiğimi fark ediyorum. Buradaki duygu, yani hakkaniyet arayışının peşinde bir ruh olmak hali, hayat boyu peşimi bırakmadı. Psikiyatri mesleğine adımımı attığım günden itibaren, mesleğin içine sinmiş olan Batı merkezci düşünceyle boğuştum durdum. Bu yüzden bu mesleğin içinden onu eleştirmeye, okuyup aktardıklarımı kültürel bir bakışın süzgecinden geçirmeye gayret ettim. İnsanın hep kendini yontarak en neşeli, en arzu edilir, en parlak benliğini ortaya koyması yönündeki Batılı düşünce, murakabe ve içe bakışı önceleyen Doğu medeniyeti ile tenakuz halindedir. Batı dünyasında kendi gerçek benliğini bulma arayışı, neredeyse Tanrı'yı bulma arayışının yerini aldı. Küresel mutluluk tiranlığı bize ne pahasına olursa olsun mutlu olmamızı emrediyor. Hüzne sahip çıkmak, bu yüzden "insan olmaya sahip çıkmak" demektir. "Yalnız kalbi vardır, hüznü olanın," diyor ya şair, hüzne sahip çıkmak kalbe ve kalp eksenli bir hayata sahip çıkmak demektir. Hepimiz koşmak zorunda değiliz, ağız dolusu gülmek zorunda değiliz, başarılı veya zengin olmak zorunda değiliz. Belki de gerçek başarı insanın kendisine, evrene ve aşkınlığa yabancılaşmamasıdır, ruhun ihtiyaçlarını önceleyen erdemli bir hayat sürebilmesidir. Hüzün bizi en çıplak varoluşumuzla karşılaştırır, bizi sahte bir dünyada sahici kılar.

Hüzün Hastalığı, esas olarak, mesleğinin henüz başlarında genç bir adamın, bütün duyarlığıyla hayatın tıbbileştirilmesine karşı duruşudur. Hüznümüzün de elimizden kayıp gittiği bir dünyaya reddiyedir. İnsanın en doğal, en fıtri hallerinin patoloji hanesine yazılamayacağına dair bir haykırıştır. Modernliğin hepimizi tek tip bir elbiseye ve uygun adım yürüyüşe zorlayan kontrol isterisine bir direniştir. Katı olan her şeyin buharlaştığı, paraya dönüştürülemeyen şeylerin sahiciliğini yitirdiği tuhaf bir zamanda yaşıyoruz. Benlikler pazar/piyasa benliği kıvamını alıyor, anlam ve ülkülerden geri dönülüyor. Yine de bir avuç insan kalırsa geriye bu bozgundan, onları tanıyabilmek gerek. Onları hüzün üzere yaşıyor oluşlarından tanıyacağız. Onları görünmez sicimlerle hüzün bağlayacak birbirlerine. Göz diplerinde faniliğe dair bildiriler okuyacağız.

Ruhlarımız, nerede ve hangi güneş altında olursa olsunlar, adaleti, güzelliği, hakkaniyet ve vicdanı aradıkları sürece temizdir. Hüzün bize hayatın kırılganlığını, şeylerin zeval bulabildiğini hatırlatır ve bizi daha dikkatli bir hayata davet eder. O dikkatin içinden güzellik, merhamet ve adaleti fark ederiz. Hüzün bize dünyanın faniliğini, şeylerin gelip geçiciliğini öğreten görkemli bir misafirdir. O misafirle biz kendi acziyetimizi, dünya içinde bir nokta olmaklığımızı, kibir ve büyüklenmenin beyhudeliğini fark ederiz. Ölüm yönelimli bir varlık olarak insan, hüzünle kendi iç potansiyellerini fark eder, içe bakar, içe derinleşir. O halde bize dünyada bir gurbet hissi yaşatan hüznümüzü sevelim, onu hastalık olarak gören ve gösterenlere karşı duralım.

Madem aşk derdiyle hoşuz, tabiplere de ne oluyor?

Kemal Sayar
Ocak 2017

Bölüm 1

MUTLULUĞU ARARKEN

YURTSUZLUK DUYGUSU

80'li yılların başında Polonya'dan Dayanışma Hareketi'nden bir kız gelir ve yazar Theodore Roszak'ı bulur. Adı Anna'dır ve ABD'ye yaptığı bu gayriresmi geziyle, aydınlara kendi ülkesinde neler olup bittiğini anlatmak istemektedir. Sözlerle değil de gözleriyle konuşan Anna'yı (Üçüncü Dünya hep öyle değil midir? Şark gözlerle simgelenemez mi?) kaldığı yere bırakırlarken, bir süpermarkete girmek icap eder. Anna hayatında ilk kez bir süpermarket görmektedir. Şaşkın bakışlarla rafları süzer, birkaç adım ilerledikten sonra donakalır ve hüngür hüngür ağlamaya başlar. Anna bolluğun ve zenginliğin koridorlarında yürür ve ağlar. Çünkü o Varşova'da temel ihtiyaç maddelerini almak için bile saatlerce kuyrukta beklemektedir. Bir kalıp sabun, birkaç kilo patates almak için günün yarısını harcamak zorunda olan genç kız, süpermarketin şaşaası karşısında ağlamaktadır.*

* Bkz. Theodore Roszak, *The Voice of Earth -an exploration of ecopsychology*, Bantham Books, 1993.

Anna'nın ağlayışında masum bir taraf var: O, totaliter bir rejimin kendi özgürlüğünü onca yıldır sıkboğaz ettiğini düşünüp ağlıyor olabilir. Ama biz, bu alametle en azından on küsur yıllık ünsiyeti olan bir ülkenin çocukları olarak, süpermarketlerin hiç de masum yerler olmadıklarını biliyoruz. Tıpkı bankaların, televizyon kanallarının, gazetelerin, siyasi partilerin masum olmadıklarını bildiğimiz gibi.

Şimdi, süpermarketleri var kılan şey nedir, onun üzerinde biraz düşünelim.

Bilinen şeydir, insan modern çağla birlikte kendisini daha yalnız, daha bir tek başına bırakılmış hissediyor. İnanmayan, herhangi bir Batı ülkesinde "yalnızlıkla baş etme" üzerine yazılmış kitapların sayısına göz atabilir. Özellikle endüstrileşmiş toplumlarda yalnızlık ve buna bağlı olarak incinebilirlik duygusu, insanı, kendisini koruyabileceği ve bu zayıf tarafıyla savaşabileceği bir emniyet arayışına sevk ediyor. Artık bizi sarıp kuşatan, sıcaklığıyla bize emniyet hissi telkin eden geniş aileler yahut eski mahalleler yok: Çoğumuz çekirdek ailemizle bir apartman dairesinde, uzaktan bakıldığında üst üste yığılmış kibrit kutuları izlenimi veren bloklarda yaşıyoruz. Kalabalık dünyada kendimizi önemsiz, yalnız ve korunmasız hissediyoruz ve kendi benliğimizi yalancı bir optik kırılmadan geçirip büyük gösterecek ne varsa ona yapışıyoruz. Evlerimizi, o zavallı kibrit kutularını, içine türlü cihazları, envai çeşit mobilyayı yığarak birer şatoya dönüştürmek istiyoruz. Yazılarımıza yapışıyoruz, ünvanlarımızdan medet umuyoruz, yahut bir gazete köşesinde her gün fotoğrafımızı görmek güne iyi başlamamızı sağlıyor; sahip olduğumuz bir şeyin bir başkasında olmadığını düşünmek bizi rahatlatıyor. Bütün bunlar aslında benliğimizi şişiren, onu olduğundan daha hacimli gösteren yanıltma ve yanılsamalar. Ama biz insanız ve ekseriyetle böyle yaşıyoruz. Hayatlarımız modern zamanlarda ev hayatı/iş hayatı/eğlence hayatı diye bölümleneli beri, yanımızdan maskelerimizi eksik etmiyoruz. Biz daima üstün ve güçlü olmak, öyle görünmek istiyoruz.

Karl Polanyi'nin deyişiyle, "Endüstri devrimi sıradan insanların hayatında felaket derecesinde bir yersiz yurtsuzluğa yol açtı." Peki sonra ne oldu? Kültürel ve teknolojik dönüşümler yüzyıllardır bel bağladığımız emniyet kaynaklarını kuruttu. Emniyet hissimizi devşirdiğimiz kaynakların kurutulması sahte bir maneviyatı getirdi beraberinde; yersiz yurtsuz olma duygusunu telafi edecek, ama sahici olmayan bir maneviyatı. Bu maneviyatın temel düsturlarını ise daima ilerleme, daha çok üretme ve tüketme, yarışma/rekabetçi olma fikirleri oluşturuyordu. Ruhu sürgün edilmiş insan kurtuluş doktrinini sanki burada bulmuştu. Oysa modern zamanlardan önce din insanlara geniş bir emniyet hissi veriyordu. İnsan tabiatla, hısım, akraba ve komşularıyla barışık bir ilişkiyi bu emniyet hissi sayesinde kurabiliyordu. Mabedden mahalleye yayılan esenlik duygusunun yanı sıra, yakın zamanlara kadar, mahallenin bakkalı ve berberi günlük yaşamın agorasını oluşturuyor, insanlar oralarda alışveriş yaparken uzun sohbetlere de başlayabiliyorlardı.

Herkesin kendi kalesine çekilmesi, mahallenin artık dağılması ve fertlerin *atomize olması* ile endişe, yaygın bir ruh durumu haline geldi. Endişe vardı, çünkü yalnızdık, cemaatimizden, köklerimizden, geleneklerimizden koparılmıştık ve yalnız insan korkardı. Endişeyi bertaraf etmek için ne denli güçlü olduğumuzu göstermek zorundaydık ve bunun da çok kestirme bir yolu vardı: Sahip olmak. Hem de, olabildiğince çok şeye sahip olmak. Sahip olarak içimizdeki yurtsuzluğa bir şifa bulabilirdik. Aile büyüklerimizin yanımızda ol(a)mamasına son model bir araba iyi gelebilir, bayramlarda çekirdek ailemizle deniz kenarında geçirdiğimiz bir tatil yeni bir koltuk takımıyla temize çıkarılabilirdi.

Bu hayatı çoğumuz aynı sloganla yaşıyoruz: "Daha çok! Daha da çok!" Alışveriş merkezleri ve süpermarketler olayın zaten farkında. Cıngıllarında haykırıyorlar: "Alışveriş yap, mutlu ol!" Nazenin, hemen kırılabilir hayatlarımızın panzehiri budur işte: Her eşya size mutluluk verir, her eşya ömrünüzü biraz daha uzatır, sizi kırılganlıktan korur. Ve biz çılgınlar gibi koşarız iksirimizi almak için, kimsesizliğimize bir çare bulmak için...

Halbuki insanoğlu aciz, ve ölüm mukadder. Tamahkârlık yaraya merhem olmuyor. O yurtsuzluk duygusu bir türlü peşimizi bırakmıyor. Süpermarketleri var kılan o şey bir türlü iyileşmiyor. Şatolar, malikâneler kâr etmiyor. Aldığımız onca eşyaya, biriktirdiğimiz onca servete karşın, hâlâ korunmasız ve hâlâ incinebilir insanlarız.

Anna 80'li yılların başında süpermarketle ilk karşılaştığında ağlamıştı. Aradan geçen on küsur yıl zarfında ülkesinin yaşadığı kapitalist tecrübeden sonra, sanırım şunu anlamıştır: Totaliter bir ideolojiyi var kılan şey ne ise, süpermarketleri var kılan şey de odur.

BİLGİNİN ARKEOLOJİSİ

Karl Kraus'a kalırsa psikanaliz, özgür Yahudilerin hastalığıdır; dindar olanları şeker hastalığıyla yetinirler.

Zaten Freud'un da din hakkında pek iyi düşünmediğini biliyoruz. *Bir Yanılsamanın Geleceği* adlı kitabında dinin kendisini bir nevroz, insanlığın ortak bir nevrozu olarak tanımlıyor. Üstada kalırsa insan, hayatın ve ölümün korkunç gerçekliklerine gayet mantıklı şekilde uyum sağlayacağı yerde, bilinçaltı korkularına bir savunma olarak dini icat ediyor. Dini duyguların kökeninde cinsel ızdırapları bulan Freud, 1937'de, yani ölümünden iki yıl önce bile düşmanlığını sürdürmektedir. Naziler nedeniyle kendisinden Viyana'yı terk etmesini isteyen arkadaşına psikanalizin gerçek düşmanının Nazizm değil, Katolik Kilisesi olduğunu söyler.

Psikanaliz ve Batılı psikoterapilerin çoğu, kendilerini dini kavramlardan uzak tutmak ve tıpla olan bağlarını vurgulamak isterler. Halbuki, temel modelleri tıptan çok Yahudi–Hıristiyan geleneğinin dini kavrayışını andırmaktadır. Tıpta baştan bir sağlık fikri vardır; hastalık bir sapmadır. Şifa, hastalanmış olanın sağlığa geri dönüşüdür. Yani biz bir hastalıkla karşılaşmadığımız sürece sağlıklı sayılırız. Halbuki, psikanaliz işin başında insanı hastalıklı, kusurlu ve olgunlaşmamış kabul ediyor. Hıristiyanlığın ilk günah fikrine hayli benzeş bir model bu. Hepimiz insan olmanın günahıyla doğarız ve sonra edimlerimizle arınırız. Ya da insan doğduğu günden bugüne kusurlarından kurtulmanın ve mükemmele ulaşmanın bir yolunu arar. Psikanaliz ve Hıristiyanlık, birbirlerine düşman gibi görünseler de, "ilk günah" söyleminde ortaktırlar.

Başka ortaklıklar da vardır: Bilinmeyeni açıklama konusunda psikanaliz de az mahir değildir. Psikoterapinin yaygınlaşması yeni açıklama biçimlerini de getirmiştir ve biz bir türlü kavrayamadığımız bazı şeylerin bilinçdışı çatışmalar ve çocuksu kompleksler ile ilgili olduğunu fark ederiz. Zina, bir günah olmaktan çok, düşük benlik saygısı ve diğer insanlarla yakınlaşamamanın ifadesi oluverir. Üçüncü bir ortaklık, kilisenin kimi işlevlerinin gruplara, kliniklere veya ruh sağlığı kurumlarına devredilmesidir. Yalnız, kimsesiz, çaresiz insanların uğrayacakları adres değişiverir. Diğer bir ortaklık, değerlerin tanımlanmasındadır. Alkol, kumar, cinsi sapkınlık vb. ahlaki durumlar psikiyatrinin nesnesine çevrilmek suretiyle yeni değerler tanımlanmakta ve yeni normlar oluşturulmaktadır. Nasıl ve nereye kadar yaşayacağınızın sınırlarını artık psikiyatri çizmektedir. Böylece psikanaliz "tedavi etmeye çalıştığı hastalığın kendisi" olup çıkmaktadır.

Şunu da belirtelim: Burada sözünü ettiğimiz psikanaliz, daha çok Freudyen öncüllere dayanan ortodoks yöntemdir. Jung'un geliştirdiği yöntemin dini yaşantıya çok daha açık olduğunu biliyoruz. Nitekim, bugün batıni geleneklerle Jung'un çalışmasını irtibatlandıran çok sayıda eser var. Bunlardan birisi de *Jung Psikolojisi ve Tasavvuf* adıyla dilimize çevrilip yayımlandı.

Sözün özü, Freud'dan tevarüs edilen din karşıtlığının, yaşadığımız ülke ve devraldığımız miras göz önüne alındığında anlamsız olduğunu söylemek istiyoruz. Zengin bir mirasın içinden geliyoruz. Daha Selçuklu döneminde akıl hastalarının rehabilite edildiği köyler vardı ve hastalar köy ahalisiyle birlikte yaşıyor, birlikte çalışıyor ve yiyip içiyorlardı. Dönemin hastanelerinde kullanılan yöntemlerin hayli müşfik olduğu da biliniyor. Tasavvuf, insanın ruhi tekâmülünü gerçekleştirebileceği zengin bir vasat sunuyordu. Rüyalar Freud ve Jung'tan yüzyıllar önce bu olgunlaşma sürecinde yol gösterici bir işlev yüklenmişlerdi. Bugün Gestalt terapisinin kullandığı kimi teknikler yine yüzyıllar öncesinde yürürlükteydi ve bütün bunlar dini yaşantının tam ortasında gerçekleşiyordu. Saydığım bu başlıklar kolaylıkla çoğaltılabilir ancak, yalnız bunlar bile, bu ülkede psikoloji/psikiyatri ve psikoterapilerin Batı'dakinden çok farklı öncüllere dayandığını gösteriyor. Meczubun tarihsel seyir içindeki ayrıcalıklı yeri, bize yaşantının entelekti, yani aklı öncelediğinin ipuçlarını veriyor. Zayıf insanların sığınma evi olarak tekkeler, o günlerde topluma büyük bir emniyet hissi vermiş olsa gerektir.

Postmodern durum, bize kültürel çoğulluğu dikkate almayı öneriyor. Evrensel şablonların yerel imkânlara nispetle yetersiz kaldığını fark ediyoruz. Neyi ne kadar yapabiliriz bilmiyorum ama yeraltındaki hazine beni heyecanlandırıyor. Hiçbir şey yapamasak bile, birbirimize definenin yerini tarif edebiliriz. Bir gün nasıl olsa yürekli biri onu gün ışığına çıkaracaktır.

DELİRME HAKKINI ELİNDE BULUNDURMAK

Taksi şoförü kaygılı bir sesle bağırdı müşterilerine: "Haydi, çabuk binin, hemen arkamızda, yakalayacak ha!" Müşteriler alelacele taksiye doluştular. Şoför aynadan geriyi gözetledikçe bunaltısı artıyor ve çözümü güç bir probleme maruz kalan çocuk şaşkınlığıyla söyleniyordu: "Allah kahretsin, hâlâ peşimizde! Ne yapacağım şimdi ben? Nasıl kurtulacağım bundan?" Müşteriler tedirgin bakışlarla arkada bir polis arabası aradılar. Yoktu. "Şuna bakın ya... Bir de korna çalıyor... Ya kardeşim, n'olur bildiğiniz bir duayı okuyun... Allahım, yardım et..." Neden sonra sakin bir sokağa saptı, usta manevralarla iç sokakların tenhalığına sokuldu. "Oh!" dedi, "Dünya varmış! Şu körüklü belediye otobüsleri! Lanet olası canavarlar!"

İlk bakışta çok sıradışı bir korku: Saatlerce İstanbul trafiğinde direksiyon sallayan taksi şoförü, körüklü belediye otobüslerinden çok korkuyor. Onlarla karşılaşınca benzi sararıyor, kalp atımları hızlanıyor, dili damağı birbirine yapışıyor. Bu korkuyu doğuştan taşımıyor içinde: O bu korkuyu öğrendi. Kent yaşantısının, trafik kargaşasının, insan hayatını hiçe sayan o keşmekeşin ona bağışladığı bir korku bu.

Geleneksel toplumlarda insanlararası iletişim bu denli kopuk değildi. Çünkü, teknolojik araç gereçler insan insana ilişkilerin arasına girmiyor, onları örtmüyordu. Modern toplumlarda her şey daha kolay: Teknik, hayatın tüm alanlarına yayılmış durumda. Teknoloji toplumsal dayanışmayı yok ediyor, bireyleri birbirinden yalıtarak küçük adacıklara dönüştürüyor. Üstelik her gün daha bir karmaşıklaşan hayat modern insana yeni stres odakları yaratıyor. Sabah sekiz akşam beş mesaileri, çılgın trafik, daha çok tüketme arzusu ve benzerleri... Modern insanın yolu, önünde sonunda ikiye ayrılıyor. İlk yol ona bu kütlevi cinnete, yığın histerisine kapılarak ânı yaşamasını salık veriyor. İkinci yol ise hayatın şiirini yakalamayı öneriyor. Bu şiir, sözcüklerin şiiri olabileceği gibi, bireysel cinnet hakkını kullanmak da olabilir. Kütleden ayrı, ona aykırı bir biçimde delirmek: İnsan kendini arıyor. Otantik varoluşuna dönme hamlesi. Her şeyin anlamından sıyrıldığı bir çağda insan delirerek aslında her şeyin yanlış gittiğini söylüyor.

Geleneksel toplumlarda deliler toplum içinde ayakta tutulurlardı. Horlanmaz ve hapsedilmezlerdi. Modern toplumlarda itilip kakılıyor, tımar ediliyor, hizaya sokuluyorlar. Bireysel cinneti seçenler bağışlanmıyor.

Taksi şoförü korkarak kendisini koruyor. Çünkü kendisini bu kente değil de köyüne ait hissediyor. O, ovaların ve dağların insanı; çılgın trafiğin değil. Teslim olursa, kabullenirse yitecek. Korkuyor ve varlığını koruyor.

Böylesi bir çağda "delirmek hakkını elde bulundurmak" gerekiyor!

ÜLKESİNİ SEVME ZORLUĞU

Bir psikiyatristin ofisi, memleketin umumi manzarasını aksettiren ayna gibidir. Ruh hekimi, kendisine başvuran insanların derdini dinleyerek, onların yüzlerini okuyarak memlekette o sıralar nelerin olup bitmekte olduğunu kavrayabilir. Çoğu zaman da, ruhlarına şifa arayan insanların istediği, aslında sizin takat getiremeyeceğiniz bir şeydir: Memleketin içinde bulunduğu ahval ve şeraitin şifası. Ülkenin buhranı toplumun buhranı olur, toplumun buhranı ailenin. Ve aile, gelenek olduğu üzre, içinden en zayıf olanı psikiyatri kliniklerine kurban verir.

Kurban, buhran zamanlarında oyunun kurallarının değiştiğini fark edememiştir. O, etrafında dönüp duran sahte gerçekliğe sahte bir bilinçle uyum sağlamayı becerememiştir. Toplum ve aile, kendi cennetini onun cinnetinden kurar.

Psikiyatristler kendilerine danışan insanlara yardımcı olmak için onları dinlemek zorundadırlar. Dinlemek ve usulca bir insanın iç dünyasına sokulmak, onunla hemhâl olmak (buna empati diyorlar) ve nihayet, cömertçe size sunulan bu hayat hikâyesinden bir anlam çıkartmak heyecan verici bir süreçtir. Denilebilir ki, psikiyatristin ona danışan kişiyle her buluşmasında hermenötik bir işlem gerçekleştirilmiş olur: O kişinin size yakınma olarak getirdiği belirti ve bulgular başka bir anlam düzeyinde yeniden kurgulanır.

Bu işlem sayesinde, kocasının eve geliş zamanlarında baş ağrılarına yakalanan bir hanımın asıl derdinin alkolik kocası olduğunu anlayabiliriz. Tıpkı bunun gibi, size başvuran her beş kişiden dördü depresyondan muzdaripse, depresyon neredeyse nezle kadar yaygın bir durum olmuşsa, bu ülke için de söyleyecek bir sözünüz var demektir.

Bu ülke için söyleyecek bir sözünüz vardır ve o da şudur: Ülkeniz iyi yönetilmemektedir. Bu ülkenin insanları zalim bir devlet aygıtının pençesinde inlemektedirler. İşte, adına depresyon denilen ruhsal çökkünlük durumu, insanların artık ümit edecek bir şeyleri kalmadığında ve çaresizlik duygusu sessiz çoğunluğu iyiden iyiye sardığında bir salgın halini almaktadır.

İnsanlar "ülkesini sevme zorluğu" çekmektedirler. Ekonomik, ahlaki ve siyasi çöküntü hem toplumsal bağları zayıflatarak sıkıntılara karşı koyma gücünü kırmakta, hem de ciddi bilişsel tahrifata yol açmaktadır.

Bilişsel kuram bize bu tür bir tahrifatın depresyona yol açan önemli etkenlerden birisi olduğunu söylüyor. Yani, bu ülkenin artık asla düze çıkamayacağı, yaşadığımız sıkıntılı günlerin asla bitmeyeceği, her şeyin daha da kötüye gideceği yolunda bir düşünce zihinlerimizde kendine sarsılmaz bir yer bulursa ve ne yapıp etsek bunun aksine kendimizi inandıramaz hâle gelirsek, depresyon kaçınılmaz bir tepki olur çıkar. Çünkü dünyayı bilme biçimimiz kökten bir tahrifata uğramıştır. Hiçbir tünelin ucunda, hiçbir zaman bir ışık göremeyeceğimiz ve böyle bir ışık varsa bile bunun asla bize kısmet olmayacağı düşüncesi yaygın bir düşünce halini alırsa, artık hayatla boğuşmaktan bıkarız, vazgeçeriz.

Ve Türkiye vazgeçmiş, bıkkın insanların ülkesi oluverir. Süregiden kleptokrasi, faili meçhul cinayetler, trafik kazaları, sonunda uyuşturulmuş, duyarsız hâle getirilmiş bu bilinç karşısında meşruiyet zemini bulurlar. İnsanların içi sıra mayalanıp duran şiddet duygusu, ezilmişlik ve kıstırılmışlıktan doğan bu öfke, zaman zaman bir ölüm, bir kaza, bir suç nedeniyle patlama istidadı gösterir.

Depresyonun psikodinamik kuramı bize dışa vurulamayan ve içe döndürülen şiddetin ruhsal çöküntüye zemin hazırladığını söylüyor. Öyle görünüyor ki, sokaklarda nöbetler halinde kendini gösteren şiddet, bugüne kadar içimizde tuttuğumuz, hep kendimize döndürdüğümüz şiddetin ta kendisi.

Sanırım bu ülkede ruh hekimlerinin ofislerinden dışarı çıkma zamanı gelmiştir. Onların kendilerine başvuran insanlar adına sözcülük etmeleri, kendilerini de kasıp kavuran bu kâbusu yüksek sesle teşhis etmeleri gerekiyor. Çünkü herkesin üzerinde doğup büyüdüğü bu toprakları, bu ülkeyi sevmeye ihtiyacı var.

Muzip bir bakış, bunun "ekmek yediği tekneye tükürmek" olduğunu söyleyebilir. Tam aksine, bu tür bir çaba bizi de toplumsal dertlere psikiyatrik ilaçlarla deva bulmaya çalışmak gibi bir bahtsızlıktan kurtaracaktır.

DİLSİZ BİR TOPLUMUN TUVALET YAZILARI

Ruhsal rahatsızlıkların metafor olarak kullanılmalarına sık sık tanık oluruz. Bu rahatsızlıklar, kimi olguları tarif etmek için birey planından soyutlanarak toplumlara yakıştırılırlar. Bu yüzden kitlelerin histerisinden, şu ya da bu toplumun şizofrenisinden dem vurulduğunda şaşırmayız. Söz konusu rahatsızlığın tekil insan üzerindeki mümeyyiz vasfını düşünerek, bu vasıf ekseninde bize iletilmek istenen mesajı anlamaya ve yorumlamaya çalışırız.

Bütün bu sözleri, toplumu kuşatan bir ruhsal rahatsızlığa değinmek için giriş cümleleri olarak söylüyor değilim. Zira bu yazıda bir ruhsal rahatsızlıktan değil, kimi ruhsal rahatsızlıklara eşlik eden, onları tetikleyen bir durumdan söz edeceğim. Aslında durum demeyelim de, durumlar toplamını ifade eden bir kavram diyelim. Bu kavram "aleksitimi."

Aleksitimi, ilk kez psikosomatik hastalara özgü olduğu sanılan belirli kişilik özelliklerini tanımlamak amacıyla ortaya atılmış bir kavram. "Psikosomatik hastalık" derken, organik yahut fiziksel bir rahatsızlık olmadığı halde çeşitli ruhsal etkenlere bağlı olarak gelişen bedensel hastalıkları kastediyoruz. Günlük yaşantının üzerimize yüklediği gerilimlerden dolayı midemizde ülserler oluşması gibi. Daha sonra yapılan çalışmalar, psikosomatik hastaların yanı sıra, çeşitli psikiyatrik ya da bedensel rahatsızlıkları olan kişilerin de aleksitimik özellikler sergileyebildiklerini göstermiş. Bu terimi ilk kez Sifneos 1972'de Yunanca köklerden türeterek kullanıyor. Yunanca'da *a*: Yok, *leksis*: Söz, *thymos*: duygu anlamına geliyor. O halde bu terimi Türkçe'ye şu şekilde çevirebiliriz: Duygular için söz yokluğu.

Aleksitimi kavramı temelde üç kişilik özelliğini kapsıyor: (1) duyguları tanıma ve tanımlama zorluğu (2) düşlem yaşamında kısırlık (3) işevuruk (operasyonel) düşünme.

Aleksitimik insanlar, duygularını dile dökmekte ve onların adını koymakta tarifsiz bir güçlük çekerler. İçsel yaşamları boştur, hayal ve düşlerden muaftırlar. Yahya Kemal'in dilince söylersek, "tahayyülün temdid-i ömre kudreti kalmamıştır." Dünyayı somut terimler dâhilinde görür ve betimlerler. Aleksitimik kişiler, görünüşte çevreleriyle uyum içinde yaşarlar. Ancak, görünüşteki bu yüksek toplumsal uyum düzeyinin "yalancı normallik" olduğu belirtilir. Yakından bakıldığında, bu kişilerin kendi ruhsal gerçekleriyle pek az ilişki içinde oldukları ve robot gibi mekanik bir tarzda yaşadıkları görülür. Bir yazara göre aleksitimi, ikincil olarak da ortaya çıkabilir. İkincil aleksitimi, kanser gibi ağır bedensel hastalığı olan kişilerde, diyaliz hastalarında, yoğun bakım ünitesinde yatmakta olan ölüm tehlikesi altındaki hastalarda ortaya çıkar.

Bütün bunlardan, bir el çabukluğuna zemin hazırlamak için söz ediyorum. İzninizle, bu kavramı biraz tahrif etmek pahasına, onu bütün bir topluma teşmil edeceğim: Aleksitimik bir toplumda yaşıyoruz. Dili elinden alınmış, dilsizleştirilmiş bir toplumda... Duygularımızı ifade edecek sözcükleri arıyor, ama bulamıyoruz. Çoğu zaman duygularımız olduğunun bile farkında değiliz. İçsel yolculukları unutalı çok oldu. İçimizdeki keşfedilmeyi bekleyen kıtalara nicedir bir gemi göndermiyoruz. İçimizin nuru söneli beri dış dünya dahi karanlıktan geçilmiyor. İç zenginliğini yitirmiş olan insanlar, en son tahayyüllerini de ellerinden çıkardılar. Rüya denizlerinin suyu kıyılarımızdan çekildi. Aleksitimik toplumun bireyleri gece-gündüz iş düşünüyor; çarşıda pazarda, kırda vapurda rakam konuşuyor. Rakamların sırtında, daha kocaman rakamlara koşuyoruz.

Bu toplum, düşlerini ne zaman yitirdi? Sözcükleri ne zaman onun elinden alındı?

Buna tarihin bir cevabı olmalı.

"Yalancı normallik" dedik. Herkesin birbirine yabancılaştığı bir dünyadan söz ediyoruz. İnsanın kendi ruhuna yabancılaştığı bir dünyadan. Dedik ki, ölüme yakın hastalarda ikincil aleksitimi gelişebilir. Az önceki soruların cevabı galiba burada. Bir vantuz bu toplumun düşlerini emdi. O ki, bir cihan devleti düşü kurar, ömrü uzardı. Bu toplum ölmeye yattığı için dilsizleşti. Dilsizleştiği için ölümü çabuklaştı. Aleksitimik toplum hasta yatağında kıvranıyor. Ruhu onu terk etti, duygularını nereye koyduğunu bulamıyor. Duyguları var mıydı, ondan bile emin değil. O şimdi yoğun bakım ünitesinde. Bir zamanlar konuştuğu bir dili, inandığı bir dini vardı. Saadet zamanları görüntüler halinde onun ölüm döşeğine gidip geliyor.

Çalıştığım hastanenin yanında bir cami var. Bu caminin bir tuvaleti, bu tuvaletin yazıları var. Aleksitimik toplum sokaklarda bağırmaya korkuyor, tuvalet köşelerine sığınıp, dile dökemediği her şeyi kapı arkalarına kusuyor. Arkadaşının yüzüne söyleyemediğini gidip tuvaletin kapısına karalıyor. Gencecik ömründe bir kez bile olsun gidip bir kıza ilan-ı aşk edememiş delikanlı, hınçla, tuvaletin kapısına organ resimleri kazıyor. Bir küfür silsilesi, yazanların en yakın akrabalarını içine alarak uzayıp gidiyor. Sokakların yılmış ve sindirilmiş insanı, üç duvar ve bir kapı arasında haşin bir ideolog, bir süper erkek oluveriyor. Cahit Sıtkı'yı değiştirerek mi söylemeli? "Bir tuvaletlik saltanatın olacak..."

Bu toplum duvarlara yazı yazanların ağzına acı biber sürdü ya, şimdi graffiti "yeraltı"na indi. Sokaklarda bağıramayan, öğretmenine karşı çıkamayan, babasından daima zılgıt yiyen, daima sessiz ve uzaktan seven delikanlı, duvarlara öfkesini kusamayınca, gitti tuvaletin kapısında sağa-sola küfretti. Ayıp resimler çizdi. Düşleri elinden alınmasaydı, belki oraya kocaman bir okyanus çizecekti. O okyanusun üzerine bir vapur. Sonra ona binip kimbilir nerelere gidecekti...

Aleksitimik toplum ölüm yatağında. Yoğun bakım ünitesinin monitörü zalim sinyaller veriyor. Kaçınılmaz son geliyor. Yoo, bırakın serum şişelerini. Çözün bağlarını ve elektrotlarını. Bunlara gerek yok. Yaşamak istiyorsa bağıracak. Yaşamak istiyorsa meydanlara çıkıp bağıracak; radyoların, televizyonların, bankaların, klaksonların sesini kısıp bağıracak. Konuşacak. Ağlayacak.

Çünkü bağırırsa, konuşursa ve ağlarsa sözcükler gelip onu bulacak. Çünkü robot gibi yaşamak hiç de güzel değil. Çünkü güzel günler yeniden yaşanmayı özler.

EYLÜL YORGUNLUĞU

"Keşke inanabileceğim bir Tanrım olsaydı!" diyordu saçları kısa kesilmiş, giyim kuşamıyla dünyaya meydan okuyor izlenimi veren genç bayan. Ve bunları bir psikiyatristin ofisinde söylüyordu. Hapisten çıkalı birkaç yıl olmuştu. Çokları gibi o da Eylül öncesinde ülkeyi kurtarmanın sevdasına kapılmış ve bu uğurda gencecik yaşamını miting meydanlarının coşkusuna, hücre evlerinin soğukluğuna bırakmıştı. Eylül rüzgârı onu da savurmuş, ama bu rüzgâr zindanların karanlığına doğru esmişti; uğruna savaşılan "aydınlık günler"e değil. Yıllarca hapiste yatmıştı ve işte şimdi, intiharın eşiğinde, bir psikiyatristin karşısında duruyordu. "Hapiste her şey iyiydi!" diyordu. "Uğruna çile çektiğimiz bir şey vardı."

Yıllar sonra ilk kez, gökyüzüne özgürce bakabildiğinde, inandığı her şeyin alabildiğine kirlenmiş ve kirletilmiş olduğunu herhalde aklına getirmemişti. Oysa dışarıda, kötü adam rolünü bizzat hayatın kendisi oynuyordu. İçeriye hiç girmemiş dava arkadaşları oyunun yeni kurallarına çoktan uyum sağlamışlardı. At binenin, kılıç kuşananın olmuştu. Onları döneklikle suçlar, olur biterdi ama ya içeride bir düşü birlikte paylaştığı arkadaşları? Hepsi birer birer salıveriliyordu; hepsi birer birer alkolün, uyuşturucuların ve türlü ahlak zayıflıklarının zindanına alınıyordu; hepsi birer birer hüsranın tarihini yazıyorlardı. En son, bir arkadaşı hırsızlık yaparken yakalanmıştı ve işte buna katlanmak imkânsızdı. Psikiyatristin karşısında duruyor ve kendisine yardım etmesini istiyordu. Dünyaya şık bir itiraz olarak kısa kestiği saçları ve o "şanlı mazi"den her bahsettiğinde buğulanan gözleriyle bir intiharın kapısını çalmak üzere olan bu genç hanım, binlerce Eylül yorgunundan biriydi.

12 Eylül darbesinin siyasi ve toplumsal analizleri pek çok yazıya, romana ve filme yansıdı. Darbenin tekil insan hayatına etkileri üzerinde fazla durulmadı. Oysa bu darbe pek çok insanın hayatında ciddi bir travmaya denk düşüyordu ve insan ruhunun örselenmesi, beraberinde bir dizi psikiyatrik sorunu getiriyordu. Bahsettiğim hanım, yalnızca benim son birkaç yıl içinde gördüğüm onlarca Eylül yorgunundan biriydi ve eğer psikiyatrik sınıflamaya bir etkim olabilseydi, Türkiye'de yeni bir sendromun tanımlanmasını isterdim: Eylül Yorgunluğu Sendromu...

Son yirmi yılda psikiyatride travma üzerine yapılan araştırmalar, onun yaygınlığı ve olası etkileri hakkında epey malumat veriyor. Özellikle Vietnam'da savaşan Amerikan askerlerinin yurtlarına döndükleri zaman yaşadıkları uyum zorlukları ve sıkıntılar, Travma Sonrası Stres Bozukluğu adıyla yeni bir tanı kategorisinin oluşmasına yol açtı. Bu rahatsızlıktan muzdarip insanlar, hemen herkese rahatsızlık verecek ölçüde bir duygusal zorlanmaya maruz kalmış ve bu zorlanmanın ertesinde şu sıkıntıları yaşamışlar: Travmanın sık sık kâbuslar ve uykudan uyandıran düşüncelerle yeniden yaşanması, travmayı hatırlatabilecek şeylerden ısrarla kaçınma yahut bunlara karşı bir tepki uyuşması, sürekli bir aşırı dikkat (teyakkuz) hali...

Türkiye'de psikiyatri kliniklerinde pek çok travma kurbanı tedavi edildi. Bunların önemli bir kısmı Eylül sonrası hapishanelerde işkenceden geçmiş insanlardı. Ama benim bu yazıda vurgulamak istediğim husus, asıl örselenmenin "dava uğruna çile çekmek"te değil, gerçek hayatla karşılaşmakta saklı olduğu... Kuşkusuz, bunu da özgün bir düşünce olarak öne sürmüyorum. İstediğim, bu vakıa üzerine biraz düşünmek.

Bir cemaate dâhil olmak, kendi kimliğini kolektif bir kimliğin içinde eritmek anlamına gelir çoğu kez. Kişinin bireysel varlığı cemaatin ruhu içinde çözünür. Eylül öncesi siyasi oluşumlarda karşımıza çıkan katı ve otoriteryen ahlak bizi şaşırtmamalıdır: Dava arkadaşına, "bacı"sına sevdalandığı için cezalandırılan genç militan, o kendi bireysel ahlakını çiğneyip yutan katı ahlak orada olduğu için oradadır. Bu bir nevi şehitlik duygusudur. Gönüllü bir kurbanlık durumudur. Kahraman ya da kurban kendi bireysel varlığını feda ederek yücelmektedir. Kurban, bedenini vermiş, ama ruhunu kurtarmıştır. O, ülkesi için, halkı için yok olmayı göze aldığına göre elbette bir kahramandır ve adının yürek atışlarıyla, türkülerle anılması gerekir. Buraya kadar her şey iyi: Bir kahraman olarak kurban, kendisiyle ilgili imgesinden hoşnut. Onun kendilik imgesi aynı hücreleri paylaştığı "yoldaş"ları tarafından da besleniyor: "Demek ki, onlar da benim bir kahraman olduğumu düşünüyor."

Oysa hayat zehirli hançerini demir parmaklıkların hemen dışında saplıyor. Uğruna savaştığı halkının gözünde, o bir şehit olmaktan ziyade bir şeytan. İnsanlar onun adını yürek atışlarıyla değil, lanetle anıyor. Kapılar yüzüne kapanıyor. Değişen siyasi ortamla birlikte kolektif kimlik de kayıplara karışıyor, cemaat dağılıyor. Bireysel varlığıyla, çırılçıplak ortada kalıveriyor. Kendilik imgesi tuzla buz oluyor, kendisine dair bütün düşlemleri gerçekliğin yakıcı sıcağı karşısında eriyip buharlaşıyor. Onun kişisel tarihi işte burada bir kopuşa uğruyor, bu acı ve örseleyici karşılaşmada... Çoğu kez öfke ilk tepki olarak beliriyor: Ben senin için savaştım ey halkım, ama bak, sen bana ne yapıyorsun? Ben bütün bunlara senin için katlandım ama, sen meğer ne düzenbaz, ne kadirbilmez bir halkmışsın!

Oysa insanlar günlük yaşamanın telaşındadır. Onu kimse duymaz, onun yanına kimse sokulmaz. Öfke kendine döner. O yalnızca bir kurbandır artık. Bir kurban olarak kurban. Öfke kendisine döner, kendi canını acıtır.

Ve kısa saçlı genç bayan belki bir yardımı olur ümidiyle gelir, ilk kez o gün karşılaştığı bir psikiyatristin karşısına oturur. "Keşke inanabileceğim bir Tanrım olsaydı!" der ve ben ona Tanrı'ya inanmanın ne büyük bir rahmet olduğunu anlatmak isterim. Ama bunu yapamam. Neticede, bir psikiyatristin söyleyebileceği sözler de sınırlıdır.

ÜTOPYALARA HAYIR!

"Ütopyalar, gerçekleşebilir şeylerdir," diyordu Berdyaev. Mesele farklıydı: Ütopyaların büsbütün gerçekleşmesi nasıl önlenecekti? "Hayat ütopyalara doğru yürüyor. Belki de yeni bir çağ başlıyor; bir çağ ki, aydınları ve yetişkin sınıfları ütopyalardan kaçınmak ve ütopyalık olmayan, daha az olgun ama daha özgür bir topluma dönüşme çarelerini düşünmeye dalacaklardır."

Orwell'ın *1984*'ünde o her şeyi gözetleyen Büyük Birader kırklı ve ellili yıllarda totalitarizm ise, yetmişli ve seksenli yıllarda parlatılmış, cilalanmış bir demokrasi ve nihayet doksanlı yıllarda medyokrasi değil midir?

Orwell'ın ütopyası gerçekleşti. Ama doğrusu, Aldous Huxley'in *Cesur Yeni Dünya* adlı romanında anlattığı ütopyaya çok değil on yıl öncesine dek herhalde kimse inanmazdı. Zaman şeridini o kadar geriye sarmaya bile gerek yok. Birkaç yıl önce ABD'de iki bilim adamı ilk insan klonunu üretmeseydi, herhalde hâlâ çoğumuz Huxley'in kuluçka makinesi metaforuna dudak büküyor olurduk. Huxley'in ütopyasında insanlar milyonlarca eş ikiz halinde kuluçka makinelerinde üretilmektedirler. Alfalar, gamalar ve ipsilonlar; her biri farklı özelliklerde üretilmektedir. Kimi toplumun beyinleri, kimi de emek gücü olarak, farklı özellikler taşır.

Buradan klon deneyine geçelim. Jerry Hall ve Robert Stillman 1993'te laboratuvar ortamında döllenmiş bir hücrenin çoğaltılmasından türeyen ve teknik olarak bölünme hücreleri ya da *blastomer* adı verilen iki hücreyi yardılar. Daha sonra bu hücreler yapay zarlar içinde birbirlerinden ayrılarak 32 kez daha bölünebildiler. İşte bu basamak üzerinde on yıllardır çalışılıyordu ve nihayet başarılmıştı. 32 kez bölünmekle bir embriyonun rahimde yerleşip büyümesi için gerekli özelleşmiş hücre sayısına ulaşılmıştı. Peki bu ne anlama geliyor? Bu deneyin bulgularından hareketle birden çok özdeş embriyon üretmek ve bunları çeşitli kiralık annelere yerleştirerek sınırsız sayıda klon meydana getirmek mümkün oluyordu. En azından, teorik olarak! Yani, bir insanın yapay döllenmeden türemiş birçok kopyası üretilebilecekti...

İşte bu, önümüzdeki yüzyılın bir "biyokrasi" yüzyılı olacağının ipucunu veriyor. Klon tekniğinin uygulamaya yansıması durumunda olabilecekleri de bir düşünün. Anne babalar binlerce şablon arasından istedikleri çocuğun siparişini verebilecekler, bir insan üretilirken onun yedek organları da üretilebilecek, cenin ticareti en kârlı teşebbüs olacak, parçalarını toplamak üzere insan üretilecek vb. Çözülen genetik şifreler çoktan bir meta halini aldı Batı dünyasında. Artık şifrelerin de sahipleri var ve bir gün bir genetik rahatsızlıktan ötürü bu şirketlere yolunuz düşerse onlara külliyetli bir para ödeyeceksiniz.

Organ nakli olayı ortaya çıktıktan sonra olan yine az gelişmiş ülkelerin insanlarına olmuştu. Bolivya'dan çocuklar kaçırılıp gözleri oyulmuş, Hindistan'ın fakir insanlarından yok pahasına böbrekleri satın alınmıştı. Her yerde Murphy'nin altın kuralı: Altını olan kuralı koyar. Az önceki varsayımları Jacques Attali'nin yardımıyla zenginleştirmeye ne dersiniz: "Toplum, kendi adına belli özellikleri taşıyan, örneğin yaşam süresi ve fiziksel yatkınlıkları iş gücü pazarının ihtiyaçlarına ya da estetik gereklere göre ayarlanmış bireyler üretmeyi isteyebilir. İnsan türünün daha sağlam bünyeli ya da daha uzun ömürlü olan bir çeşidi, teorik olarak sonsuza kadar, genetik kimliğinin mülkiyeti alınacak şekilde patentlenebilir!"

Cenin tüccarlığına, gen yamyamlığına izin verilebilir mi?

Dini muhayyilenin söndüğü toplumlarda bu pekâlâ mümkün olabilir. Seküler bilginin tıkandığı yerlerde biyoetik devreye sokularak sahte bir maneviyat şırıngalanır. Biyolojinin krallığı kapitalizme geniş bir pazar vaad ediyor ve artık hayatın en dokunulmaz alanlarına el atmasıyla bilim rububiyet iddiasını en yüksek perdeden seslendiriyor.

"Pazar ile hukuk arasındaki yarış başlamıştır!" diyor Attali. Bu yarışta tutacağımız taraf elbette hukuk olacaktır. Hukuk burada aynı zamanda ahlaktır, insanın yaratılışı ve varoluşu karşısında duyulan haşyettir, insanın haysiyetidir. Üretilerek değil, döllenerek dünyaya getirilmek, çocukların hakkıdır! Münevver Ahmed Enis'in ifadesiyle, "İnsan vücudu, insanın laboratuvarı değil, Tanrı'nın mülküdür. Tanrı'nın emanetine hıyanet, insanın özüne ilişen bir faciadan başka sonuç getirmez."

Bana öyle geliyor ki, din ile bilimin ciddi biçimde karşı karşıya geleceği bir yüzyıla giriyoruz. İnsan vücudunu bir meta olarak pazarlamaya hazırlanan bilim ile onu Allah'ın bir emaneti olarak gören din, eninde sonunda hesaplaşacaktır.

Ama ben, doğrusu, asıl ütopyalara bozuluyorum. Jules Verne *Aya Seyahat*'i yazarken bunu herkes eğlenceli buluyordu. Ama işte aya gidildi. Huxley'in *Cesur Yeni Dünya*'sı, bütün dehşetiyle kapıda bekliyor. Ütopyalar insan muhayyilesini kamçılıyor. Bilimin yönünü tayin ediyor. Ben de, Berdyaev usta gibi, onların gelişini geciktirmenin bir yolunu arıyorum.

Bir tartışma sırasında eğer birisi "Bunlar ütopya!" kabilinden bir küçümseme ifadesi kullanacak olursa, hiç çekinmeden ensesine bir şaplak indireceğim...

GELECEK
ÖLÜM

"Gelecek ölüm: Gözleri gözlerin olacak." İtalyan şair Cesare Pavese'nin bu dizesi, ölümün kaçınılmazlığını vurguladığı kadar onun hayatın doğal bir sonu olduğu imasını da içeriyor.

Oysa yaşadığımız yüzyıl tıp biliminin doğumdan sonra ölümü de bir tedavi nesnesine dönüştürdüğü bir yüzyıl oldu. Kadim kültürlerde ölüm bir kesinti yahut bir duraklamayı ifade etmiyordu; Octavio Paz'ın ifadesiyle, "Hayat, ölüm ve yeniden doğuş, kendisini kesintisiz biçimde tekrarlayan bir kozmik sürecin evreleriydi. Hayatın akıp ölüme karışmaktan daha yüksek bir işlevi yoktu." İnsanlar yakın bir geçmişe dek huzur içinde, kendi evlerinde ve kendi ailelerinin yanında ölme hakkına sahiptiler. Ölümün bir tedavi nesnesine dönüşmesiyle birlikte ölme mekânları da değişti. Artık insanlar hastanelerin soğuk koridorlarında, son nefeslerinde yakınlarının şefkatini dahi hissedemeden can veriyorlar. Bu arada hayatlarının biraz daha uzatılması adına bir dizi tıbbi işlemden -yahut, işkenceden- geçmek zorunda kalıyorlar. İnsana beşikten mezara kadar müdahale edebilme yetkisiyle, tıp kurumu, tüketim ideolojisine yeni pazarlar sağlamış oluyor. Yalnız ölüm değil, yaşlılık da doğal olmayan bir süreçtir artık; onun ima ettiği şey çöküş veya gerileyiştir; bilgeliğe doğru yol alış değil. İlaçlar ve estetik cerrahi sizi bu çöküşten kurtarmak için beklemektedir.

Ölüm mekânının hastanelere kaymasıyla birlikte ahlaki sorular gündeme geliyor. Hastanelerin yoğun bakım üniteleri, bazen akıl almaz ölçüde zor kararların alındığı yerler olabiliyor. Bunun başlıca nedeni de, tıbbın ölüm olgusuna farklı ve hayli keskin bir yaklaşım getirmesi. "Beyin Ölümü" kavramını geliştirmek suretiyle, modern tıp, solunum cihazına bağlı olarak yaşayan ancak beyin işlevleri durmuş bir kimsenin artık ölmüş kabul edilmesini talep etmektedir. Kalp çalışmaktadır ve vücut sıcaktır. Hastanın yakınları onun öldüğüne dair herhangi bir işaret almamaktadırlar. Oysa doktorların elinde gizli bir bilgi vardır ve bunun tam aksini söylemektedir. Buradaki muazzam iktidara dikkat etmelisiniz, doktorların vereceği bir karar o hastayı solunum cihazından çıkarıp onu alenen öldürmek anlamına gelebilecektir. Bu yüzden yoğun bakım üniteleri kalbi nasır tutmamış bir hekim için olabilecek en trajik mekânlardan biridir. Kalpleri nasırlaşmış olanlar, zaten hastanın pahalı bir cihaz olan solunum cihazını kullanmakla yol açtığı ekonomik zararı düşünmektedirler. Kimi ellerini ovuşturarak hastanın ölmesini beklemektedir (aslında bunu istemektedir) çünkü ölen kişinin organları bir başkasına nakledilebilecektir.

Geçenlerde BBC'de izlediğim bir program ilgi çekici bir örnek oluşturuyor. Bir doktor bilgisayar programı hazırlamış ve kritik durumdaki hastaların bulgu, belirti ve kan sonuçlarını bu programa veri olarak giriyor. Verilere göre bilgisayar ekranında bir haç işareti çıkıyor ya da çıkmıyor. Haç işareti bu hastanın ölecek olduğunu ifade ediyor. Peki niçin bu çaba? Neymiş, yoğun bakım ünitelerinde her hasta, pek fazla masrafa yol açıyormuş, o yüzden "gidici" olanlar önceden bilinse iyi olurmuş. Bunu yapanın bir doktor olduğuna ve bu çalışmanın Londra'nın saygın bir hastanesinde yapıldığına inanmak çok güç. Bu program üç kez yanılmış (yaklaşık 70 hastada). Spiker, bilgisayar "gidici" dediği halde bu dünyada kalmayı seçen insanlarla konuşuyor. Soruya bakın: "Sizce hayatınız gerçekten kurtarılmaya değer miydi? Biliyorsunuz, bu 10 bin pounda mal oldu..."

Bu Batılı mantık, hayat karşısında bir irkilme, bir haşyet duygusundan yoksun olmanın mantığıdır. Hayatın kaynağı olan İlahi Kudret'e karşı saygısızlığın mantığıdır. Batı uygarlığı, ölümü inkâr ettiği gibi, hayatı da inkâr etmektedir aslında. "Farkına varmalıyız ki," diyordu aziz usta Laing, "yaşamaktan ve sevmekten, ölmekten korktuğumuz gibi derin bir korkuyla korkuyoruz."

Okuduğunuz yazıyı, onun ana fikrini çok veciz bir biçimde özetleyen bir alıntıyla bitirmek istiyorum. Japon düşünür Takeşi Umehara şöyle diyor:

"Ölümü beyin ölümü olarak tanımlarken hiç kuşkuya kapılmayanlar, insan soyunun modern uygarlığı kurup bütün diğer canlılara hâkim olmasını sağlayan bilim ve teknolojinin gücüne boyun eğmektedirler yalnızca. Ancak içte ruhun krizi ve dışta da doğal çevrenin krizi sonucunda, bu uygarlığın üstüne kara bir gölge düşmeye başlamıştır. Bu gölge, modern uygarlık için hakikat ânının geldiği yolunda bir uyarı niteliğindedir; çünkü nasıl öldüğümüzü değiştirmek, nasıl yaşadığımızı da sonsuza dek değiştirecektir."

MUTLULUK HASTALIĞI

Mutluluğun psikiyatrik bir bozukluk olarak sınıflandırılmasını öneriyoruz. Teşhis el kitaplarında yeni bir isim altında yer almasını doğru buluyoruz: Majör duygulanım bozukluğu, keyifli tip. Bu konudaki literatür, mutluluğun istatistiksel olarak anormal bir işlev gördüğüne delalet ediyor. Tabii, birisi çıkıp mutluluğun olumsuz olarak değerlendirilmediğini söyleyebilir. Bu itirazı, bilimsel olarak saçma sayarak savuşturabiliriz. Bir kez onu teşhis el kitaplarına yerleştirdik mi, sıra tedaviye gelecektir. Artık hep birlikte mutluluğu, bu anormal hadiseyi nasıl tedavi edeceğimizi tartışabiliriz.

Doğrusu bu ya, birkaç yıla kadar psikiyatri mecmualarında benzeri ifadelere rastlarsam şaşırmayacağım. Yahut bir uluslararası kongrede bir bilimadamının X adlı ilacın yüz mutlu denek üzerinde istatistiksel olarak anlamlı bir etkisinin görüldüğünü söylemesi tuhafıma gitmeyecek. Çünkü, insanın ruh dünyası modern Batı psikiyatrisi tarafından giderek daha küçük birimlere ayrıştırılarak inceleme konusu yapılıyor. Diğer tıbbi disiplinler arasında kendisine bilimsel bir zemin bulmaya çalışan modern psikiyatri, insanın türlü ruh durumlarını sınıflandırma gayreti içinde. Bu gayretkeşliğin bir neticesi olarak, çoğumuz için sıradan bir hal olabilen keyifsizlik "minör depresyon" adıyla anılıp ilaç tedavisi önerilebiliyor. Uluslararası bir kongrede Amerikalı bir bilimadamının sigara kullanan kişileri o sıralarda her derde deva olarak sunulan bir antidepresanla tedavi ettiğine ilişkin bir bildirisini dinlediğimi hatırlıyorum. Bunun gibi, şişmanlık da hızla ruhsal sistem üzerine etkiyen ilaçlarla "tedavi edilecek" bir durum, bir teşhis kategorisi haline getiriliyor. Çok kahve içme (kahve bağımlılığı), aşırı alışveriş gibi durumlar da Amerikalı meslektaşlarımızın çekmecelerinde birer teşhis kategorisi olarak bekletiliyorlar.

Teşhis yelpazesinin genişlemesi ve en masum insan davranışı ve halinin bile artık psikiyatrinin araştırma nesnesine dönüşmesi Ivan Illich'in yıllar önce dile getirdiği bir tehlikeyi artık iyiden iyiye yaşadığımızı gösteriyor. Illich doğum ve benzeri doğal hadiselerin tıbbi bir konu haline gelmesini/getirilmesini eleştiriyordu.

Hayatın tıbbileştirildiği bir çağda yaşıyoruz. İnsanla ilgili olan, onun fizyolojisini ilgilendiren her şey bir el çabukluğuyla tıbbın hükümranlık alanına sokuluveriyor. İnsanın ruh dünyası söz konusu olduğunda da, modern tıbbın üvey evladı psikiyatri, kendini sevdirme ve bilimsel, uslu bir çocuk olma telaşı içinde hayatın kendisini bir psikiyatrik fenomenler toplamına irca ediyor.

Hayatın psikiyatrizasyonu... Bu seküler bakış açısıyla, sizin dindarlığınız pekâlâ bir psikiyatrik bulgu olarak değerlendirilebiliyor. Aynı bakış açısını paylaşan ve yine Amerikalı bir meslektaşımız, "aşk hastalığı"nın tedavisinin de yakında bulunacağını iddia edivermişti geçtiğimiz yıllarda. Bu şekilde hayat, yaşanması gereken bir şey olmaktan çıkarılıp tedavi edilmesi gereken bir şeye dönüştürülüyor. İnsan duygusal-ruhsal süreçlcrine etki edebilen bir âmil değildir artık. O, bu süreçlerin bir kurbanı, cüzi iradesi sıfırlanmış bir kazazededir.

Psikiyatrizasyon işleminin bir işlevi, bireyi tıp (psikiyatri) karşısında, dolayısıyla da onların temsil ettikleri politik güç yahut kurulu düzen (establishment) karşısında güçsüz kılmak ise, bir diğer işlevi de çokuluslu ilaç şirketlerinin ekmeğine yağ sürmektir. Bugün psikiyatrik araştırmaların önemli bir bölümü ilaç şirketlerinin vesayeti altındadır, bu şirketler tarafından finanse edilmektedir. Bu araştırmaların halihazırdaki ilaçlara yeni kullanım alanları açmak gibi saklı bir işlevi vardır. Eğer bir ruh halini teşhis edilmesi gereken bir şeye dönüştürürseniz, ona uygun bir ilacı da muhakkak bulacaksınızdır. Oysa teşhis hastada olup biten bir durumdan çok, hekimlerin zihinlerinde olup biten bir durumdur.

Gördüğümüz bir şeyi isimlendirememek sanırım çoğumuzda bir tedirginlik yaratacaktır. Batı geleneği, çevrede gerçekleşenleri anlayabilmek için onları sınıflandırarak, hem kendine bilimsel bir alan açmakta hem de uygulayıcılarının tedirginliğini gidermektedir. Mesela şizofreni diye bir durumun olmadığı, bunun belirli yaşantı ve tutumları anlamlandırmak için sadece hekimlerin zihninde var olan bir şey olduğu tezi, sıkça tartışılmıştır. R. D. Laing daha ileri giderek bunun bir politik yafta olduğunu söylemiştir (bkz. *Yaşantının Politikası*, Vadi Yayınları). Bugün teşhis el kitaplarında önemli bir yer tutan "kişilik bozuklukları" ucu nereye çekseniz giden teşhis kategorileridir ve psikiyatrinin önemli teorik açmazlarından birini teşkil etmektedir.

Mutluluğumdan yahut mutsuzluğumdan yana bir şikâyetim yok. Mutlu olduğum zamanlar daha dışa dönük oluyor, insanlarla çok şey paylaşabiliyorum. Hüzünlü olduğum zamanlarda içimin titreyişlerine kulak kesiliyor ve şiir yazabiliyorum. Her iki durumun da ilahi bir bağış olduğuna inanıyorum. Fazladan taşıdığımı söyledikleri beş-on kilo ile aram gayet iyi. Kanser yaptığını bilsem bile günde beş-altı sigara tellendirmeden edemiyorum. Bütün bunlar için ilaç almaya hiç niyetim yok. Aynen Thomas Szasz gibi düşünüyorum: Hayat çözülmesi gereken bir sorun değildir. Her gün olabildiğince akıllıca, olabildiğince bütün ve olabildiğince duyarlılıkla yaşanması gereken bir şeydir hayat. Katlanmamız gereken bir şeydir. Onun çözümü yoktur.

Bölüm 2

HÜZÜN HASTALIĞI

PSİKOLOJİ RUHUNU ARIYOR

Son yıllarda fizikte gerçekleşen kimi gelişmeler ve psikolojideki sistemler kuramı, beraberinde Batı psikolojisine dönük sorgulamaları getirdi. Fritjof Capra'nın eserlerinin dilimize kazandırılmasıyla, Türkiyeli okur, yeni fizik ile Doğu felsefesi arasındaki yakınlaşmayı ilk elden öğrenme imkânı buldu. Bu yakınlaşmanın psikolojide de bir aksiseda bulduğunu, Robert Ornstein'ın dilimize *Yeni Bir Psikoloji* adıyla çevrilen kitabından öğrendik.

Modern psikoloji ve psikiyatrinin epistemolojik bir bunalım yaşadığı şu günlerde, Doğu öğretileri ve gelenekten beslenen manevi bakış söz konusu buhrana çare olabilir mi peki? Modern yaklaşımların seküler doğası, fizik ve sistemler kuramının sağladığı yeni görme biçimleriyle aşılabilir mi?

Bu yazıda bunu incelemeye çalışacağız.

Fiziğin Getirdiği

Faraday ve Maxwell'in 1830'larda elektromanyetizma kuramını ortaya atmalarıyla, Newton modelinin sınırlılığı da belirginleşmişti. Elektromanyetizma kuramı kuvvet kavramının yerine "kuvvet alanı"nı koymakla Newton fiziğini aşmış oluyordu. Einstein'ın 1919'da geliştirdiği görelilik (izafiyet) kuramı bayrağı daha da ileriye taşıdı. Zamanın evrensel bir akışı yoktu, aynı olay gözlemcinin göreli konumuna bağlı olarak farklı sürelerde oluyormuş gibi algılanabilirdi. Madde atalet halinde bir enerji biçimiydi, uzay maddeden etkileniyordu, dolayısıyla maddenin içinde bulunduğu boş bir uzaydan bahsedilemezdi. Enerji, madde/zaman ve uzay, bizim normal bir bilinçle algılamamızın mümkün olmadığı bir süreklilik arz ediyordu. Sonra, 1927'de Heisenberg belirsizlik ilkesini getirdi: Atomaltı seviyede neler olup bittiğini kesinkes bilmek mümkün değildi. Madde atomaltı seviyede bir kesinlik üzere olmaktan çok bir belirsizlik üzere algılanıyordu.

Peki, ne anlama geliyordu bütün bunlar? Evrenin her bir parçası bir diğerini, dolaşık, birbirine bağlı bir ağ oluşturacak biçimde etkiliyordu. Parçaları belirleyen bütünün kendisiydi. Parçalar bütüne sıradan bilinç yaşantısının fark edemediği biçimlerde bağlanmışlardı. Evren esas itibariyle ayrılamaz, parçalanamaz bir bütündü ve bütünü yapan her şey birbirine bağlı ve bağımlıydı. Maddi dünyanın en alt birimine doğru yol aldığımızda karşımıza çıkan manzara farklıydı: Müstakil birimlerden ziyade birbiriyle bağıntılı ve birbirini etkileyen süreçler çıkıyordu karşımıza. Dünya türlü bağıntıların üst üste bindiği, kesiştiği, değiştiği ve birbirini değiştirdiği karmaşık bir dokudan ibaretti.

Sosyal Sistemler

Psikolojide "sistemler" kuramcıları da aslında fiziğin diline yakın bir dil kullanıyorlar. Sistemler, bu kuramcılara göre, etkileşim halinde ve birbirlerine bağımlı parçalardan oluşan organik bütünlerdir. Yaşayan sistemler doğa içinde dinamik olmak suretiyle istikrar ve düzen gösterirler. Yaşayan sistemlerin zaman içinde yapı ve işlevlerini koruyarak bir sistem olarak kalmalarını sağlayan en önemli özellik, sistemin çevresiyle sürekli alışveriş ve uyum (adaptasyon) içinde bulunabilmesidir. Taoculukta da benzer bir ilkeyle karşılaşıyoruz: Ahenk, birbirine zıt gibi görünen kuvvetlerin dengeli bütünleşmesinden doğar.

Geleneğin Sunduğu

Kadim medeniyetlerin ortak bir ürünü olarak sözünü edeceğimiz geleneğin insana bakışı, modern psikolojinin bakışından pek çok noktada ayrılıyor. Geleneksel yaklaşım kozmosu ayrılamaz, parçalanamaz bir gerçeklik olarak görüyor. Bu gerçeklik sürekli devinim halindedir, aynı anda hem canlı hem cansız, hem manevi hem de maddidir. Evrenin içsel olarak dinamik bir doğası vardır, her fenomen hem biricik hem de birbiriyle ilgilidir. Akıl (entelekt) bilginin kaynağı değildir, yalnızca kişisel yaşantıları inceleyip yorumlamanın bir aracıdır. Doğrudan yaşantı içsel keşif yoluyladır, dolayısıyla entelektin alanı dışındadır. Batı psikolojisi ise insanın manevi tarafını ihmal ediyor. Ya onun varlığını inkâr ediyor, ya da onu marazi sayarak yaftalıyor.

Yeni Bir Bakış

Fiziğin ve sistemler kuramının verilerini geleneğin sunduğu imkânlarla mezcedersek, yeni bir bakışa ulaşabiliriz. Yeni bakışın temel ilkesi, "ego"nun özgürleştirilmesi olacaktır. Bilge psikiyatr R.D. Laing onyıllar önce şöyle yazmıştı: "Gerçek akıl sağlığı, normal egonun şöyle ya da böyle eriyip yitmesini gerektirir ki, bu yalancı kendilik bizim yabancılaşmış toplumsal gerçeğimize uyumumuzu sağlamaktadır... Yeni bir ego işlevlenişinin yeniden kurulması sayesinde ego, ilahi alanın hizmetçisi olacak ve ihaneti uzun sürmeyecektir." Gelenek bugün için yeni olandır ve yeni olanı yeniden kurmak, geleneği ihya etmekten başka bir şey değildir.

Gelişim psikolojisi, transpersonel psikoloji ve kişilik kuramlarında ortaya çıkan yeni anlayışlar insan yaşantısının aşkın bir boyutu olduğunu söylüyorlar bize. Bu boyut, birey kişisel varlığının anlamını sorgulayıp kendisini daha geniş bir ontolojik bağlama yerleştirmek istediğinde belirginleşiyor. Önemli kişilik kuramcılarından Cloninger, 1994'te yayınladığı makalesinde, bu boyutu kendisinin de yıllarca fark edemediğini ama kuramını bu boyutu da hesaba katarak gözden geçirdiğini ve yenilediğini yazıyordu. Gerçekten de psikoloji/psikiyatri mesleği başlangıcından bugüne kadar, insan maneviyatına kayıtsız kaldı. Bu meslekler, spekülatif bir disiplin olmaktan çıkıp empirik bir bilim olarak saygınlık kazanmak isterken, kendilerini iyiden iyiye felsefeden soydular ve manevi olana sırt çevirdiler. Kitapları dilimize de çevrilen, "logoterapi ekolü"nün kurucusu ünlü psikiyatr Victor Frankl *İnsanın Anlam Arayışı* adlı kitabında şaşkınlıkla soruyordu: "Anlamıyorum, neden iyi bir psikiyatr olmak için dinsiz olmak gerekiyor?" Gerçekten de dine karşı bu tarafgirlik, Amerikan Psikiyatri Birliği'nin teşhis el kitabında bile görülüyor. Onlarca ülkede kullanılan bu teşhis el kitabı dini kavrayış ve sezişlere karşı peşin hükümlü ifadeler kullanıyor ve onları bir çırpıda patoloji hanesine yazıyor.

Yeni bakış egonun etrafındaki çitleri yıkarak onun sınırlarını genişletecektir. Kişi kendisiyle ve doğayla barışacak, evrenle olan rabıtasının farkına varacak, insanlara ve tüm yaratıklara şefkat ve hoşgörü gösterecek, zihinsel çözülmeye uğramadan acıya ve sıkıntılara tahammül edecek, hayatın anlamını kavrayacak ve nihayet ölümü inkâr etmekten vazgeçip onunla da dost olacaktır.

Peki Nasıl?

Terapi, biri diğerinden daha dertli iki insanın karşılaşmasıdır. Bu karşılaşmada daha dertli olanın sorunları belirli bir sistematik içinde çözümlenmeye çalışılır. Sözünü ettiğimiz yeni bakış, terapinin amacını kişinin evrendeki gerçek yerini bulması olarak tanımlarken, terapistin rolünü de değiştirmektedir.

Terapist artık bir kolaylaştırıcı, bir rehberdir. Aziz usta R. D. Laing "Seküler psikoterapist köre yol gösteren şaşı gibidir," diyordu. Yeni bakış, terapiyi "bulgular"dan kurtulmak için bir yöntem olarak görmektense, kendisini hapsettiği sınırları aşabilmesi için kişinin eğitimine dönük bir yöntem olarak görmeyi yeğler. Terapi boyunca bireyler doğallıklarını kabul etmeyi öğrenirler. Onlar, içinde bulundukları doğal durumun bir parçasıdırlar. Benmerkezciliğin kaybedilmesi terapinin önemli amaçlarından biridir.

Batılı psikoterapistler korku, yalnızlık, endişe gibi olumsuz duyguları ortadan kaldırmak isterler. Philippe Ariés'in yerinde benzetmesiyle "elem doktorları" olmuştur terapistler; elemi, hüznü ve melâli hayatımızdan kovmak isterler. Oysa tanımalı, kabul etmeli ve tahammül gösterebilmeliyiz. Ancak böyle yaparsak onlar bizim olgunlaşma sürecimize katkıda bulunmuş olurlar. Yeni bakış, tıpkı varoluşçu psikoterapilerde olduğu gibi, davranışlarımızın sorumluluğunu üstlenmemizi telkin eder. "Başkaları cehennemdir" yanılsamasından kurtulmamızı ister.

Amaç, bilinçte bir genişleme olmasıdır. Tefekkür, murakabe ve sabır insanın bu içsel yolculuğunda ona eşlik ederler. Günlük yaşantının her etkinliği alabildiğine dikkatle yerine getirilir. Kişi, günlük hayatının ayrıntılarına yoğunlaşmakla, dikkatini onu kuşatan dünyadan bir nebze olsun çekebilir. Sessizlik, farkındalığı artırmak için bir yöntem olarak kullanılabilir. Sessizlik dönemlerinde düşüncelerde bir derinleşme sağlanabilir.

O Halde Ne?

O halde şu: Psikoloji ve psikiyatride gelenekten yararlanmayı öngören yeni bakış, bizi daha yüksek bir bilinç biçimine çağırır. Geleneksel yöntemlerin psikoterapide işlerlik kazanması, dışta dünyanın, içte ruhun buhranı için bir umut sunabilir. Bizim medeniyetimizin insanı "zübde-i âlem" yani âlemin özü ve çekirdeği olarak gören o üstün kavrayışı dururken ithal yöntemlere başvurmak, "derya içre olup da susuz gezmek" değilse nedir?

Bu topraklardan çıkacak yerli bir psikoloji, Batı'nın bir medeniyet buhranı yaşadığı şu günlerde insanlık için de umut ışığı olabilecektir.

Manevi olanın insanın bu dünyadaki varoluşuna kattığı anlam bugünlerde yeniden keşfediliyor. Ama onu hak ettiği yere koyan, kuşkusuz, onu bunca zamandır sürgünde tutan ve baskılayan Batı medeniyeti olmayacaktır.

PSİKİYATRİDE YENİ BİR BİLİNÇ

Akıl hastalıkları yahut ruhsal rahatsızlıklar dünyanın her yerinde aynı mıdırlar? Bu soru, kültürler arası psikiyatri çalışmalarının varlık nedenini oluşturur.

Batılı psikiyatri modellerinin dünyanın diğer kültürlerinde bir karşılığı olduğu ve ruhsal rahatsızlıkların içinde yeşerdikleri kültürden bağımsız, evrensel bir öz taşıdıkları fikri yakın zamana kadar kabul görüyordu. Bu fikir, basit bir bilimsel önermeden daha fazlasını içinde barındırdığı için, tartışılmaya muhtaçtır.

Endüstrileşmiş Batı ülkelerinde geliştirilen tanı dizgelerinin evrensel bir geçerliliği olduğu önermesi, berisinde sömürgeci bir zihniyeti saklıyor. Bu zihniyete göre, Batı toplumları insanlığın bilişsel evriminde ileri bir aşamayı temsil ederler. Dolayısıyla buradan yola çıkılarak yapılacak bir insan tanımı, yerel kültürleri de ihata edebilir. Bu zihniyete göre, "ilkel" toplumların kültürü, ruhsal sağlık ve rahatsızlık konusunda belirleyici bir anlayış sunamaz. Bir şaman, bir doktordan ya da psikoterapistten elbette birkaç gömlek aşağıdır. Bu zihniyet, yerel renkleri toptan ihmal etme eğilimindedir. Bunun için, pozitivist tıbbi modeli bize evrensel bir imkân olarak gösterir ve adeta şöyle der: "Şifa lazımsa, onu da biz getiririz!"

Bu zihniyeti, bu yazı boyunca, eski bakış olarak isimlendireceğiz. Ruhsal rahatsızlık ve sıkıntıları daha iyi anlamak için, onların farklı kültürlerin müntesiplerince nasıl değerlendirildiğini ilk elden ve doğrudan öğrenmeye çalışan bakışa ise, yeni bakış ismini vereceğiz.

Yeni bakış, bulgu ve davranışların anlamını yerel bağlamları içinde anlamayı öneriyor. Batılı modelleri ithal etmek yerine içeriden bir anlayış geliştirmek, bu yaklaşımın en temel önermesi. Eski bakış Batılı tıbbi modelin yeterli olduğunu söylerken, yeni bakış farklı bilgi biçimlerinin önemine atıfta bulunuyor.

Şimdi eski bakışın temel önermelerine bir göz gezdirelim:

(a) Araştırmalar için pozitivist yaklaşım yeterlidir,

(b) Dikkat etmemiz gereken bireydir,

(c) Belirli psikolojik süreçler, biyolojik bir sebep-sonuç ilişkisine dayandıkları için, evrenseldirler.

Burada bireye yapılan vurgu, onu toplumsal/kültürel bağlamından soyuyor ve biyolojik düzeneklerin işlediği bir konak haline getiriyor. Yeni bakış ise söz konusu "birey"in hayli Batılı olduğu fikrindedir. Üstelik kimi psikolojik süreçlerin evrensel olarak kabul görmesindeki marifet, deyim yerindeyse, el çabukluğundadır.

Aslında psikiyatri içindeki bu tartışma daha ziyade bir pozitivist/anti-pozitivist kutuplaşması halinde cereyan ediyor. Yeni bakışta sosyal antropolojinin yorumsamacı okulu hayli etkili ve bu da doğal olarak anti-pozitivist tutumlarla bir ittifak sağlıyor.

Sosyal bilimler içinde hermenötik felsefenin getirdiği bir yaklaşım var: Doğa ve toplumun bilimsel incelemesi bir süreklilik arz etmez, insan davranışının öznel ve anlamlı karakteri onun doğada bir eşi olamayacağının işaretidir. Yani, doğayı incelerken kullandığımız sözüm ona değerden-bağımsız dil, söz konusu insan olunca, işlevsiz kalır. Dilthey'in getirdiği bu katkı, *erklaren* (nedensel açıklama) ile *verstehen* (yorumlayıcı anlama) arasında bir çelişki varsayar. Bu görüşe göre, doğal bilimler ve bu arada tıp bilimi için ilki uygunken, insan davranışı ve toplumsal kurumlar söz konusu olduğunda ikincisi uygundur. Roland Littlewood'un deyişiyle, psikiyatri biyolojik determinasyon ile toplumsal seçenek arasında bir yerde durur. Her ikisi de gerekli gözükür ancak kısıtlı bir imkân sunarlar. Burada bir örnek olarak "dışavurulan duygu" (expressed emotion) kavramından bahsedebiliriz. Bugün şizofreni üzerine yapılan araştırmalar bu rahatsızlığın önemli bir biyolojik doğası olduğunu gösteriyor ancak çeşitli araştırmalarla öğrenmiş bulunuyoruz ki, şizofren kişiyi kuşatan aile ve toplumsal ortam da en az biyolojik göstergeler kadar belirleyici. Negatif duyguların şizofren kişinin yüzüne karşı açıkça dışa vurulduğu ailelerde hastalığın gidişi daha kötü. Ruhsal rahatsızlıklarda, buradan hareketle söylenebilecek bir gerçek var: Kişinin biyolojik yatkınlığı, toplumsal ve politik değişkenlerle sürekli bir etkileşim halindedir ve bazen biri daha çok öne çıksa bile, hastalığı yapan şey, çok sayıda etkenin bir araya gelmesidir.

Yeni bakış içinde yükselen kimi sesler bilim felsefesinden büyük ölçüde yararlanarak, bayrağı daha ileriye taşımayı öneriyorlar. Bu seslere göre, yeni kros-kültürel psikiyatri geleneksel anti-pozitivist yaklaşımın ötesine geçmeli ve post-emprisist bir felsefeyi sahiplenmelidir. Bu seslerden biri Patrick Bracken, böylesi bir felsefenin bilgiye birleşik bir yaklaşım sağlayacağı ve doğal bilim/sosyal bilim dikotomisinin ortaya çıkardığı açmazların böylelikle aşılabileceği düşüncesinde. Böyle bir felsefenin, genelde bilimsel kuram seçiminde sosyal, politik ve psikolojik etkenlerin oynadığı rolü de hesaba kattığı için aynı sorunlara cevap verme durumunda olan yorumlayıcı yaklaşımı tesis etmesi de zor olmayacaktır.

Post-Emprisizm Neye Yarar?

Mantıksal pozitivistler, bilginin gelişmesini esas itibariyle dünya hakkındaki anlamlı ifadelerimizin birikmesine bağlıyorlardı. Onlara göre, anlamlı olan ile anlamsız olan arasında keskin bir ayrım vardır. İki tür ifade onlar için anlamlıdır: İlkin, basit mantıksal önermeler, yani iki terim arasında mantıksal bir bağıntı kuran ifadeler; ikincisi, empirik gözlemden kaynaklanan ifadeler. Empirik gözleme ya da mantık kaidelerine dayanmayan pek çok ifade, mesela ilahiyat, metafizik ve dine ilişkin ifadeler anlamsızdır. Bir disiplinin gerçekten bilimsel olabilmesi için anlamsız ifadelerden sıyrılması gerekir. Üstelik empirik gözlem ifadelerinin hangilerini bilimsel sayacağımızı da bize onlar telkin eder: Deneyin ve kuramın katı bir metodolojisi vardır. Bilimsel ilerleme, dünya hakkındaki gözlemlerimizin giderek çoğalması ve bu gözlemlere dayanan kuramların ortaya çıkmasıyla mümkün olur. Antropolog ve psikiyatr Arthur Kleinman'a göre, tıp ve psikiyatrinin "günlük epistemolojisi" klasik mantıksal pozitivizmdir.

Ancak psikiyatri bilgisinin çoğalmasıyla hastalarımıza verdiğimiz yarar arasında bire bir ilişki kurmak şu an için zor görünüyor. Aklıma hemen iki basit örnek geliyor: Şizofreni patofizyolojisini açıklamakta kullanılan dopamin reseptörleri yakın bir geçmişe kadar iki taneydi. Bu iki tane reseptörle şizofreni ve tedavisinde kullanılan ilaçların etki düzenekleri kolaylıkla açıklanıyordu. Zaman yirmi beşe yakın dopamin reseptörünü açığa çıkarınca ortalık karıştı. Görünen oydu ki, bütün bu oluşumlar birbirleriyle karmaşık bir etkileşim halindeydi. Bilgi çoğaldı ancak zihinler daha da karıştı. Şizofreni üzerine yapılan genetik araştırmalar da bir yerde tıkandı. Birçok malumat birikti ancak bunlardan işe yarar bir terkip ne yazık ki oluşturulamadı. Bilgi çoğaldı, zihinler karıştı ve yine hastalara yansıyan bir fayda elde edilemedi.

Şimdi Kuhn'u hatırlayalım: Normal bilim, seyri esnasında, çözemediği kimi sorunlarla karşılaşır. Bunlar arttıkça disiplinde bir buhran duygusu ortaya çıkar ve bazı bilimadamları, hâkim paradigmayı sorgulama ihtiyacı duyarlar. Bu "sıradışı" yahut "devrimci" bilim safhasıdır. Yeni paradigmalar ortaya atılır ve tartışılır. Bilimadamları eski paradigmayı hemen terk etmezler. Bir süre, sorunlara eski yaklaşım içinde çözüm bulmaya çalışırlar. Bu arada giderek daha fazla bilimadamı yeni paradigmaları benimser. Kuhn'a göre bu safhada paradigmalardan birinin diğerine üstün olduğunu gösterecek bir delil yoktur. Çünkü kuram seçimindeki başarı ölçütlerinin kendisi tartışmalıdır. Bu noktaya kadar kabul ediliyordu ki, rasyonalitenin bazı evrensel standartları vardır ve kuram seçiminde bunlar bilimadamlarına rehberlik ederler. Kuhn'un bu katkısıyla şu anlaşıldı: Bilimadamları toplumsal ve tarihsel etkenlerden bir zamanlar sanıldığından çok daha fazla etkilenirler.

Kuhn'un tartışmalarını bir kalkış noktası olarak gören kimi filozoflar, doğal bilimler ile beşeri bilimler arasında klasik bir ayrım gözeten pozitivist hareketi eleştirdiler. Bilimde geleneğin rolü ve bilimsel cemaatlerin uygulamalarında gömülü değerler/normlar artık aşikâr olduklarına göre, bu ayrım tartışılabilirdi. Madem doğa bilimi de belirli tarihsel ve toplumsal temellere dayanan "seçimler" üzere ilerleme gösteriyordu, o halde onun da *hermenötik* (yorumsamacı) bir boyutu olmalıydı.

Ülkemizde de tanınan filozof Charles Taylor, andığım görüşlere karşı çıkan isimlerin başında geliyor. Taylor doğa bilimlerinin meselesinin, dünyanın "gerçekte olduğu gibi" bir dökümünü vermek olduğunu söylüyor ve bunun dünyaya ilişkin insani algılardan bağımsız olduğunu dile getiriyordu. Bu özneden bağımsız değerlendirme, doğanın mutlak dökümüdür. Doğa bilimlerinde bu yaklaşım başarıya götürmüştü ancak ilke olarak insan bilimlerinde uygulanamazdı. İnsani olanı anlamakta "mutlak"a gereksinim yoktu.

Doğa bilimlerinin yeni post-emprisist değerlendirmesini ortaya koyan bir filozof, Mary Hesse, Taylor'ın görüşlerini şiddetle eleştiriyor. Hesse'e göre, bilimin pozitivist görüşü neredeyse tüm dünyada itibarını kaybetmiştir. Doğa bilimlerinde veriler, kuramdan ayrı tutulamazlar, veriler zaten bazı kuramsal yorumlar ışığında elde edilirler ve olguların yorumun ışığında yeniden inşa edilmeleri gerekir. Doğa bilimlerinde anlam, kuramın kendisi tarafından belirlenir, olgularla mütekabil olmasından çok kuramın bütünlük ve tutarlılığı anlam sağlar. Doğa bilimlerinin dili fevkalade metaforik bir dildir.

Bu yeni değerlendirmeyle bilimde anlam sorunu merkezi bir yere oturtulmuş oluyor. Böylece bilimin "nesnel" bir dilinin olamayacağı fikrine ulaşıyoruz. Hesse'e göre dünyanın bilimsel değerlendirmeleri kaçınılmaz biçimde bizim toplumsal ve kültürel söylemimizin uzantılarıdır ve böyle olduğu için onların dili bu söylemi içine alır. Kuramlar Hesse'e göre hep bir toplumun mit veya metafiziğini ifade etmişlerdir ve bu yüzden o toplumun iç iletişim sisteminin bir parçasıdırlar. Toplum doğa kavramı vasıtasıyla kısmen, kendisini kendisine yorumlar.

Bu görüşlerden de anlaşıldığı gibi, yeni ve radikal bir post-emprisist bilim felsefesi zuhur ediyor. Bu felsefeyi iki ana başlık altında özetlemek mümkün:

(a) Herhangi bir bilgi iddiası için kesin temeller yoktur, (b) Bilim, varsayılan tarafsız ve nesnel doğasından ötürü diğer söylemlerden kesin bir biçimde ayrılamaz.

Post-emprisist filozoflar bilimi yalnızca bir dizi metafor olarak görürler. Onlara göre bilim, dünyayı tanımlama yolundaki çabalarımızdan yalnızca bir tanesidir. Richard Rorty şöyle yazmaktadır: "Dünya bize alternatif metaforlar arasında bir seçim yapabileceğimiz ölçütler sağlamıyor. Dilleri ve metaforları yalnızca birbirleriyle kıyaslayabiliriz; dilin ötesinde yer alan ve adına 'olgu' denen şeyle değil."

O Halde?

O halde, psikiyatri araştırmalarının çoğuna rengini veren pozitivist ve emprisist görüş sorgulanmalıdır. Özellikle kültürlerarası (kros-kültürel) araştırmalarda sosyal antropolojinin katkısı, eğer araştırmanın gerçek anlamda bir geçerliliği isteniyorsa, kaçınılmazdır.

Sosyal antropoloji özne maddesini yerel bağlam ve etkileri anlayarak keşfetmeyi ister. Sözgelimi sağaltım, tek başına incelenebilecek bir dizi teknik müdahale değil, din gibi diğer pratiklerle içten içe ilişkili bir kültürel pratiktir. Post-emprisizm araştırmada empirik bir stratejinin geçerliliğini sorgulamaz ancak onun tek geçerli ve nesnel yaklaşım olmadığını söyler. Üstelik, böylesi bir araştırmanın önceden hazır bulunan kimi önermeleri sorgulayabilecek kadar esnek olmasını ister: Araştırma kendisini eleştirebilmelidir.

Şimdi, post-emprisist görüşün psikiyatrideki yansımalarına bir bakalım:

"Eski" kültürlerarası araştırmalar pozitivist ve emprisist bir epistemolojiye yaslanıyorlardı. İyi bilimsel araştırma, onlara göre, nesnel ve değerden-bağımsız bilgi üretirdi. Böylesi araştırmalar üzerine temellenen bilimsel tıp ve psikiyatri de tarafsız ve nesnel kabul edilirdi. Böylece, Batı dünyasında geliştirilmiş bile olsa, psikiyatrinin Batılı değer ve bakışlardan muaf olduğu varsayılırdı. Batı'da geliştirilen kavram, metodoloji ve araştırma aygıtlarının diğer toplumlar için de uygun oldukları düşünülürdü. Kültürlerarası araştırma da, bu görüşe göre, söz konusu araç gerecin Batılı olmayan toplumlarda akıl hastalığının doğasını ve yaygınlığını araştırmak için kullanılmasından ibaretti. Bu görüş psikiyatri bulgularının coğrafyaya bağlı olarak muhteva değiştirebileceğini, ancak biçimi itibariyle evrensel ve aynı olduğunu söylüyordu. Çünkü biçimi belirleyen biyoloji idi ve biyoloji de evrenseldi. O halde, ruhsal bulguların tanımlanması ve anlaşılmasında aynı kategoriler ve aynı metodolojiler kullanılabilirdi. Başka deyişle, ruhsal bulguların biçimi doğada verilidir ve bu yüzden evrensel olarak tanınabilir.

Burada post-emprisist felsefeyi devreye sokarsak şunu söyleyebiliriz: Biçim-muhteva ayrımı kuramsal bir inşadır ve doğal bir "olgu" değildir. Batı'da geliştirilmiş bir ölçeği yerel dillere tercüme ederek bir hastalığın veya bulgunun yaygınlığını saptayamazsınız. Önce o yerel topluluk için sorduğunuz şeylerin ne anlama geldiğini araştırmalısınız.

Bir örnek verelim: Kâbuslar bütün kültürlerde aynı önemi haiz değildirler. Kâbusların uyanıklığın sunduğu gerçeklikten ayrı tutulmadığı bir toplumda, büyük önemleri vardır. Kâbusların irrasyonel ve önemsiz yaşantılar olarak kabul edildiği bir toplumda ise, uyanıklık inanç ve tutumları kâbuslara göre düzenlenmez. Böylesi bir durumda, korkutucu rüyalar olup olmadığı yolunda standart bir soru, her iki toplumdaki kâbus yaşantıları üzerine iyi bir karşılaştırma sağlamaz.

Benzer sorunlar geleneksel inanç ve sağaltım sistemlerine yaklaşımda da ortaya çıkıyor. Eski yaklaşıma göre geleneksel sağaltım sistemleri Batılı sistemlerin kaba ve ilkel bir halini temsil ederler. Bu görüşün berisinde şu vardır: Sağaltım uygulamaları her toplumda benzer roller oynarlar ve değişik toplumlar gelişim seviyelerine göre sıraya konulabilirler. Batı toplumu bu sıralamada en ileri aşamayı temsil eder. Yazık ki, bu görüş "eski" yaklaşımın müntesiplerince sıklıkla paylaşılmıştır. Bazıları da, bu evrimci değerlendirmeye iltifat etmemekle birlikte, sağaltım uygulamalarının belirli evrensel tedavi ilkeleri kapsamında açıklanabileceğini düşünürler. Sağaltıcıların kullandıkları teknikleri "ilkel" olarak yaftalamaz, ancak bunların Batı'da geliştirilmiş kategorilere atıfla değerlendirilebileceğini söylerler. Onlara göre, "ideolojiler"i farklı olsa da, dünyanın farklı yörelerindeki geleneksel sağaltıcılar benzer psikoterapötik teknikleri kullanırlar. Böylesi sağaltıcılar insanlara "plasebo" etkisi ile yardım ederler. Bu görüşü dile getirenlerden Kiev şöyle yazar: "Sağaltıcının otoritesini veya hastanın işleme duyduğu inancı arttıran etkenler plasebo fenomeninin vazgeçilmez unsurlarıdır."

Böylesi bir değerlendirme, sağaltıcının neler olup bittiğine değin kendi açıklamasını hiçe sayar. Onu hiçe sayar ve kendi görüşünü aşılar. Böylece Batılı bilimsel yaklaşımın üstünlüğü tescil edilir. Sağaltım teknikleri indirgemeci bir biçimde Batılı yaklaşıma atıfta bulunularak açıklanır. Sağaltıcıya kalsa, tedavi başarısını o sırada orada bulunan bir manevi kuvvetle açıklayacaktı belki ama "bilimsel" değerlendirme bize güçlü bir plasebo etkisinden söz eder. Bu tarz bir değerlendirme geleneksel sağaltıcının ontolojisini reddediyor ve kendi ontolojisini aşılıyor. Farklı kültürlerin sağaltım süreçlerinde olup biteni açıklamak için, neyin var olduğunu ve neyin rasyonel sayılacağını söyleyen Batılı bilimsel kavramlar imdada çağrılıyor. Bu süreçlerin evrensel özellikleri tanımlanıyor ve sonra Batılı kavramlarla açıklanıyor.

Oysa sağaltıcı dini ve sosyal değerlerin ta kalbinde işlev görüyor. Bu değerler, sağaltımın içindeki düşünme ve rasyonaliteden ayrılamazlar. Bu yüzden, Batılı psikiyatrların "evrensel" tedavi unsurları olarak belirledikleri şeyler diğer toplumların sağaltım uygulamalarında olan bitenleri açıklamaz.

Sözün Özü

Psikiyatride ABD'de geliştirilen bir teşhis el kitabı DSM,* neredeyse bir kutsal kitap hüviyetine büründü.

* DSM (*Diagnostic and Statistical Manual for Mental Disorders*) Amerikan psikiyatrisinin teşhis ölçütlerinin biraraya getirildiği bir teşhis el kitabıdır. Her üç-beş yılda bir yenilenir ve geliştirilir. Zamanın politik ve ahlaki havasına göre neyin akıl hastalığı kabul edilip neyin edilmediği değişir. Yenilerde yayınlanan ve en son DSM olan DSM-IV, bu açıdan çok kapsamlıdır. En basit, en sıradan insan duygularını bile psikiyatrik bir kategoriye indirgeyen DSM-IV hayatın tıbbileştirilmesine hizmet etmektedir. Artık hüznümüz bile bizim değildir, o bir hastalıktır ve adı belki minör depresyon, belki yineleyici kısa depresyon veya eşikaltı depresyondur. Yazının başlığı olan "Hüzün Hastalığı",

Yakınlarda dördüncüsü yayınlanan bu teşhis el kitabı, ruhsal rahatsızlıklara ilişkin bir sınıflandırma getiriyor. Ancak daha işin başında bir kuramsal ön kabul var: Hastalar paylaştıkları bulgu ve belirtilere göre sınıflandırılabilirler. Bu Batılı bir düşünce. Doğu düşüncesi her bir hastanın biricikliğine, bireyliğine ve dolayısıyla sınıflanamazlığına vurgu yapıyor.

Silah ve para Batı'da olduğu için Batılı sınıflama ve açıklama biçimlerinin üstünlüğüne inanamayız. Elimizde Batılı sınıflandırma ve tedavi sistemlerinin geleneksel tıbbınkilere oranla daha iyi olduğuna dair bir veri yok. Ortada yalnızca birinin diğerine üstünlüğü kesinkes gösterilemeyecek iki temel açıklama biçimi, iki paradigma var. Dolayısıyla bu açıklama biçimlerinden biri meşruiyetini diğerinden almıyor.

Kültürlerarası araştırmalarda anlam sorununun göz ardı edilmesi bir yanılsamayı da beraberinde getirir. Bilimsel araştırma masum bir eylem değildir ve bilimadamları doğuştan masum insanlar değillerdir. Sezen Aksu'ya atıfla söylersek: "Masum değiliz hiçbirimiz." Psikiyatri kuramı da, diğer kuramlar gibi, tarihin, toplumun ve politikanın izlerini taşır.

Psikiyatride yeşeren yeni bilinç kendi eleştirisini de yapabilmelidir. Tıp biliminin doğal dünyası ile sosyal bilimin insani doğası metodolojik zeminde birbirinden nasıl ayrılamıyorsa, psikiyatri her ikisini bünyesinde dengeleyen ve anlam sorununu merkeze yerleştiren bir bilim olmayı becerebilmelidir...

---

işte bu el çabukluğuna atıfta bulunmaktadır.

ICD (International Classification of Diseases) Dünya Sağlık Örgütü'nün geliştirdiği bir Uluslararası Hastalık Sınıflandırması sistemidir.

HÜZÜN HASTALIĞI

"Birikip yeniden sıçramak için
Elde var hüzün."
A. İlhan

Hüznün tıbbın hükümranlık alanına sokulması, özellikle antidepresan ilaçlar geliştirildikten sonra yaygın olarak karşılaştığımız bir durum. Psikiyatri bilimi adeta hayattan tüm ızdırabı, hüznü, kederi kovmak istermişçesine duygu dünyamızı ince dilimlere ayırarak onları hastalık hanesine yazıyor. Bir bakıyorsunuz, klinik depresyon düzeyine erişmeyen mutsuzluk duyguları minör (küçük) depresyon vb. isimlerle etiketlendirilmiş.

Oysa hüzün insan hayatının olmazsa olmaz bir parçası. Kadim dini geleneklerde hüzne olumlu bir anlam atfedilmesi, onun insanı zenginleştiren bir tecrübe olarak sayılması, modern zamanlarla birlikte terk ediliyor. Modern zamanlar hayatımızdan hüznü, acıyı ve ağrıyı uzaklaştırmak istiyor. Elbette ölümü de. Izdıraba tahammül Budizm'den İslam'a dek pek çok gelenekte kişinin ruhsal gelişimi için hayati önemi haiz bir meziyet olarak görülürken, günümüz toplumunda böylesi bir durum ancak marazi olarak görülebilir.

Hüzün bütün kadim geleneklerde bize kendi sonluluğumuzu, ölümlülüğümüzü hatırlattığı için değerlidir. Bu dünyanın gelip geçici bir yer olduğu fikri, dünyayı bir türlü yurt edinemeyen ruhlarda hüzne yol açar. Gurbette, sürgünde olan ruhların hüznüdür bu.

Bu yazıda hüzne sahip çıkmamız ve onu tıbbileştirmekten korumamız gerektiğini, hüznü depresyondan ayırt etmemizin neden önemli olduğunu tartışıyorum. Yazı boyunca depresyonun kültürel görünümlerini, bu kültürel görünümlere atfedilen anlamları ve psikiyatrinin berisinde gizlenen bir el çabukluğunu anlatmaya çalışıyorum.

Psikiyatrik Teşhis: Bakış Açıları

İlkin psikiyatri içinde ağırlığını hissettiren kimi paradigmalara ve bunların felsefi önermelerine değinmek istiyorum. Bu bakış açıları üç ana grupta toplanabilir:

(1) Biyomedikal bakış açısı,

(2) Yorumlayıcı bakış açısı,

(3) Eleştirel-yorumlayıcı bakış açısı.

Biyomedikal bakış açısına göre teşhis, klinisyen tarafından gözlenen belirtilerin ve hastanın yaşantıladığı bulguların altta yatan hastalık sürecini haber vermesidir. Bu düşünceyi psikiyatriye uygulayacak olursak, hastanın bildirilen ruhsal olaylarının şeyleştirildiği yani dış dünyadaki somut nesneler olarak görülebildiği bir bakış açısı karşımıza çıkar. Klinisyen onları gözlemleyip kaydedebilir. Teşhis empirik bir süreçtir: Bulgular ve altta yatan hastalık, tıpkı doğal dünyadaki olgular gibi görülmeyi veya keşfedilmeyi bekler. Varsayılan hastalık süreçleri gerçekliğin bir resmi veya temsili olarak alınır ve teşhis süreci de o gerçekliğin belirlenip adının konulması olarak görülür. Bu görüşe göre, psikiyatrik bozukluklar, insanın içinde keşfedilmeyi bekler halde duran biyolojik temelli "varlıklar"dır. Doğanın bir parçası olarak hastalık, kültürün müdahale alanı dışındadır. 1970'lerde bu yaklaşım ciddi eleştiriler alıyor, kimileri insan bilimlerinde nesnelliğin olamayacağını ve bunun bir efsane olduğunu söylüyor, kimileri hastalık sürecinin bir psikososyal matriks içine gömülü bulunduğunu ve bunun hastalık sürecinin her evresini alabildiğine etkilediğini belirtiyordu. Postmodernizm ise daha köktenci bir eleştiri sunuyor: "Gerçeklik orada duruyor değildir; o, gözlemci tarafından icat edilir."

Yorumlayıcı bakış açısına gelecek olursak; çoğu hastanın, hekimleri tarafından görülmeden önce, kendi hastalıkları üzerine yorumlarda bulunduklarını biliyoruz. Bunlar kişinin kendi psikofizyolojik süreçlerini o kültürün verdiği imkânlarla nasıl değerlendirdiğinden tutun da, diğer insanlarla olan etkileşimleri ve halka malolmuş kimi bilgileri ne ölçüde sahiplendiğine kadar bir dizi etken tarafından biçimlenir. Rahatsızlık dönemiyle ilgili bu düşünce ve duygular hastanın açıklayıcı modelidir. Bu, doğanın ve hastalık nedeninin pek de rasyonalist bir formülasyonu değildir belki ama şu sorulara bir cevap olma azmindedir: "Niye ben? Niye şimdi? Hatalı olan ne, ne kadar sürecek ve ne ölçüde ciddi? Bu sorundan nasıl kurtulacağım?" Yani açıklayıcı model, hastaya neyin hastalığa bağlı olarak tehlikede olduğu konusunda bir anlayış verir. Hastalığı bir "varlık" olarak tanıyan biyomedikal teşhis görüşünün aksine, bu bakış açısıyla hastanın sorunu toplumsal bir durum olarak görülür. Yani toplumun bu sürece atfettiği anlamlar ve değerler önemlidir.

Eleştirel-yorumlayıcı bakış açısı hastalık ve rahatsızlığın toplumsal üretimine vurgu yapıyor. "Biyomedikal teşhis, patolojiyi bireye yükleyerek, rahatsızlık ve hastalığı, onları üreten toplumsal durumlardan koparıyor," deniliyor. Bu görüşe göre, "bozukluk" daha çok toplumsal ilişkilerdedir. Bu yönüyle biyomedikal teşhis, bozuk sosyal ilişkilerin temize çıkarılması, yani bir kandırmaca işlemidir. Bu eleştirmenler teşhisin bir toplumsal kontrol olduğunu (Zola); toplumsal sorunların bir medikalizasyonu, yani tıbbileştirilmesi olduğunu (Illich); veya toplumsal olarak üretilen sıkıntıyı sadece bireye hapsederek kapitalist ideolojinin yeniden üretilmesine ve statükonun devamına hizmet ettiğini söylerler. Bu görüşe rengini veren düşünce, doktor-hasta ilişkisinin eninde sonunda bir iktidar ilişkisi olduğunu ve gücün doktorda bulunduğunu söyler. Gücün bu eşitsiz dağılımı, teşhisin daha geniş ölçekli mesleki, kurumsal ve sosyopolitik amaçlarla kullanılmasını kolaylaştırır. Cins ve ırk açısından taraf tutan bir psikiyatrik teşhis yaklaşımı, psikiyatriyi cinsiyetçiliğin ve ırkçılığın kurumlaşmış bir biçimi olarak görmemizi mümkün kılar.

Psikiyatrik Teşhis: Gizli Anlamlar

Psikiyatrik bir teşhis yapıldığında semiyotik bir eylem gerçekleştirilmiş olur: Hastanın yaşadığı bulgular, özel rahatsızlık durumlarının işaretleri olarak yeniden yorumlanır. Ancak bu yeniden yorumlama özgül psikiyatrik kategorilere ve bu kategorilerin inşa ettiği ölçülere nispetle yapılırsa anlamlıdır. Astım, diyabet ve depresyon; bütün teşhisler bu özelliği paylaşır. Ancak psikiyatrik bozuklukların belirtilerini yeniden yorumlamak iki nedenle daha zordur. Onlar ancak kısmen ve özel bazı durumlarda biyolojik bir anormalliğin sonucudurlar ve psikiyatrik yakınmalar, sıklıkla insanın içine düştüğü acıklı durumların sıradan yakınmalarıyla örtüşürler. Adaletsizlik, yas, başarısızlık, mutsuzluk gibi.

Psikiyatrik bir teşhis, gizliden gizliye insanlığın bazı acıklı durumlarını tıbbi sorunlar kategorisine dâhil eder. Bugün psikiyatrik bir bozukluk (depresyon) olarak adlandırdığımız olgu, Batı toplumunda daha önceleri vücut sıvılarında dengesizliğin yol açtığı bir tıbbi bozukluk, bir ahlaki zayıflık, dini bir sorun (suç veya günahkârlık) veya kader olarak algılanabilirdi. Geleneksel Çin tıbbında da, sadece delilik ve histeri akıl hastalığı olarak değerlendirilir; şimdi psikiyatrik olarak gördüğümüz diğer sorunlar ya tıbbi bozukluğun tezahürleridir ya da tanrıların, hayaletlerin yahut ataların laneti.

Bir de şunu hatırlayalım: Semptom (yaşantı) ile rahatsızlık teşhisi (sınırlı bir kavram sisteminde yeniden yorumlama) arasında her zaman bire bir ilişki kurulamaz. Midesinde aktif ülser kraterleri olan (endoskopi) bir hasta ağrıdan veya bir başka bulgudan yakınmayabilir. Tam aksine, çok ciddi bel ağrısı çeken ve bu ağrı yüzünden işlerini yapamayan insanların çoğu kez gösterilebilir bir hastalığı yoktur. Gelmek istediğim yer şurası: Teşhis yorumlaması klinisyenin dünyayı bir düzene koymak için kullandığı kavram sistemine, bilgisine ve pratik yaşantısına dayanır. Neyi görüp neyi yapacağımız konusundaki eğitimimiz teşhisi belirler ve teşhis önemlidir.

Medikalizasyon (Tıbbileştirme): Bir Sosyal Kontrol Aracı

Ivan Illich'ten bir alıntıyla başlayalım: "Şehirler vasıtalar etrafında inşa edildiklerinde insan ayağı değersizleştirilmiş olur, okullar öğretmeye soyunduklarında kendini yetiştirme kaybolur ve hastaneler zor durumda olan herkesi kendi bünyelerine aldıklarında yeni bir ölme biçimi var olur."

Illich hayatın tıbbileştirilmesinden yakınıyordu. Hamilelik ve doğumun tıbbileştirilmesi, doğum kontrolü, diyet, egzersiz, çocuk yetiştirme normları vb. tıbbın hükümranlık sahasına girmeye başlamışlardı. Toplumsal kontrol şeklindeki tıbbi müdahale toplumca sapkın olarak nitelenmiş davranışı sınırlamak, değiştirmek, düzenlemek, yalıtmak ve ortadan kaldırmak arzusundadır. Tıbbi araçlarla ve sağlık adına. Modern endüstri toplumunda tıp mesleğinin saygınlığında, başkınlığında ve yetkilerinde önemli bir büyüme olmuştur. Rieff'in deyişiyle "Hastane, Batı toplumunun sembolik merkezi olarak kilise ve parlamentonun yerini almıştır."

Az önce, teşhis önemlidir demiştik. Çünkü pek çok toplumda psikiyatrik teşhisin politik ve yasal arenalarda önemi vardır. Bir kişi teşhisi sayesinde malulen emekli olabilir. Yine kendisine bir teşhis yakıştırılmak suretiyle bir kişi, yurttaşlık hak ve sorumluluklarından mahrum edilebilir. Günümüz toplumu, giderek daha fazla toplumsal sorunu medikalize ediyor. Bir zamanlar bir günah veya ahlak zayıflığı olarak algılanan alkolizm, şimdi bir bozukluk. Aynı şey madde kötüye kullanımı için de geçerli. Yakın zamana kadar çocuğun ve ebeveyninin okul yönetimine karşı sorumlu olduğu yaramazlıklar artık davranış bozukluğu. Günlük hayatta yaşanan sorunlar "uyum bozukluğu" adını almış durumda. Şimdi harıl harıl bunların biyolojik öncülleri, sonuçları ve bağlantıları aranıyor.

Mesleki dönüştürmenin son örneklerinden biri, Amerikan psikiyatrisinin "travma-sonrası stres bozukluğu" fikri. Bu teşhis genellikle işkence ve şiddete uğramış politik travma kurbanlarına uygulanıyor ve böylece ızdırap ahlaki anlamından soyularak tıbbi bir anlam kazanıyor. Politik şiddetin fizyolojik sonuçları anonim bir tıbbi imaya dönüşüyor. Böylece, bu sonuçların ahlaki önemi ya zayıflatılıyor ya da tümden inkâr ediliyor.

Scheper-Hughes'un sunduğu bir örnek, medikalizasyonun vardığı boyutları resmetmesi bakımından oldukça ilginç ve anlamlıdır. Kuzeydoğu Brezilya'da şekerkamışı keserek geçimini temin eden işçilerin günlük kalori alımı 1500 civarında ve bu insanlar yarı aç yaşıyorlar; zayıflık, titreme, yönelim kaybı, çökkünlük ve duygusal iniş-çıkışlarla giden bir halk hastalığına yakalanmış kabul ediliyorlar. Nervos adı verilen bu hastalığı yakıştıranlar, o bölgedeki biyotıp uygulayıcıları ve eczacılar. Bu nedenle bu işçilere bol miktarda psikotrop ilaç veriliyor. Halbuki, Nervos bulguları olarak değerlendirilen bulguların ekseriyeti, açlığın ve açlıktan ölecek durumda olmanın ürünü.

Medikalizasyon alternatif bir toplumsal kontrol biçimidir. Tıp kurumları yasal ve dini kurumların yerlerini almaya başladılar. Dolayısıyla davranışı da artık onlar sınıflandırıyor. Böylece kıskanç kocaları, şişman kimseleri, alışveriş yapmaktan kendini alıkoyamayanları, tehlikeli araba kullananları ve giderek, sigara içenleri, arada bir hüzne bulanıp şiir yazanları, kendilerini anlaşılmaz metinlerle ifade edenleri tedavi edebiliriz.

Biyolojik psikiyatri tam da bu noktada bir sosyal ideoloji olarak karşımıza çıkmaktadır. Bu yaklaşım, biyolojiyi kader olarak gören bir dünya görüşünü yansıtır. Biyoloji insanın kaderi olarak nitelenen şeyin en büyük belirleyenidir. Bilgi sosyolojisinin dikkatimizi çekmek istediği şey şudur: Biyolojiye aşırı vurgu, iktidarın imtiyazlılar tarafından kötüye kullanımından dikkatleri uzaklaştırır. Nedir bu kötüye kullanım? Sıkıntı, umutsuzluk ve isyan içinde olduğu için imtiyazlı azınlığa başağrısı veren "tebaa", bütün bunları toplumsal sorunlardan ötürü değil de, kendi bedensel noksanlıklarından ötürü yapmaktadır! Kötüye kullanım, bu ideolojinin ta kendisidir. "Biyolojizasyon", daha sonra, böylesi toplumsal adaletsizliklerin kurbanı olanları etiketleme yoluna dönüşür. Psikopatolojinin "mekânı"nın bedenin içinde olduğu önermesiyle, hem aile hem de toplum günahlarından arındırılır. Hastalık belirtilerini taşıyan kişi de pasif bir kurban oluverir. Artık kimse sorumlu değildir.

Kuşkusuz, medikalizasyon her zaman şikâyet edilecek bir şey değil. Toplumsal sorunların artmasıyla ekonomik açıdan ileri ülkelerde maluliyet yardımlarından yararlanan insanlar da artmıştır. Ancak Sovyetler Birliği'nde medikalizasyon işleminin, muhalifleri psikiyatrik teşhislerle tımarhanelere kapattığını ve hizaya getirdiğini unutmayalım. Nazi Almanya'sında katledilen şizofrenleri ve zihin özürlü insanları da.

Depresyon ve Kültür

Koloni psikiyatristleri (bunların çoğu, sömürgeci yönetimlerin yanında ve ırkçıdırlar) önceleri depresyona Afrika, Hindistan ve diğer Batılı olmayan yerlerde nadir rastlandığını, çünkü yerli halkın bilişsel ve duygulanımsal anlamda pek gelişkin olmadığını söylemişler. Sonraki çalışmalarda daha güvenilir ve yöre halkına uygun teşhis yöntemleri kullanılmış ve depresyon sıklığının hiç de azımsanmayacak bir düzeyde olduğu görülmüştür. Prince ve Murphy, Batılı olmayan ülkelerdeki depresyon oranlarındaki genel artışın baskılara ve modernizasyon sorunlarına bağlı olabileceğini öne sürüyorlar. Depresyonun risk etkenlerini anlamak için yapılan klasik bir çalışma, Brown ve Harris'in çalışmaları. İngiltere'de işçi sınıfından kadınlar arasında yapılan bu çalışma, çocuk yetiştirirken zorlukları tek başına göğüslemenin, öte yandan duygusal desteğin ve ev dışında bir uğraşın olmamasının, ciddi sıkıntı kaynaklarına karşı dirençlerini düşürdüğünü gösteriyor. Kayıp gibi yaşam stresörlerinin varlığında, zaten kendine güvenleri az olan bu kadınların kolayca umutsuzluğa ve depresyona düştükleri bildiriliyor.

Depresyon belirtilerinde de Batı ile Batılı olmayan dünya arasında belirgin farklılık var. Batılı olmayan toplumlarda depresyonun karşımıza sıklıkla bedensel yakınmalarla geldiğini biliyoruz. Suçluluk duygusu Batılı toplumlarda çok daha sık, bu da daha çok Yahudi-Hıristiyan geleneğinin etkileriyle izah ediliyor. İntihar oranı da, Üçüncü Dünya'da görece olarak düşük. Ancak toplumsal değişimlerin intihar oranlarını etkilediği yolunda veriler var. Sözgelimi, çeşitli Pasifik ada kültürlerinde toplumlar modernizasyon sorunuyla karşılaştıkça intihar oranlarının yükseldiği görülmüş.

Belirtiler gibi, yardım arama davranışı da değişik. Çeşitli çalışmalar, farklı etnik gruptan insanların bir ruh sağlığı kurumuna farklı yolları izleyerek başvurduklarını, oraya hastalıklarının farklı safhalarında geldiklerini ve aile üyelerinin çeşitli biçimlerde işin içine girdiğini gösteriyor. Lin ve arkadaşları, literatürü gözden geçirdiklerinde Doğu Asyalı gruplarda trisiklik antidepresanlara farklı farmakokinetik ve farmakodinamik cevapların olduğunu görüyorlar. Bulguların etnik ve kültürel gruplar arasında çok değişik anlamları olabilir. Good ve Good'un ve Obeyskere'nin araştırmaları gösteriyor ki, İran ve Hint kültürlerinde depresif bulgulara olumlu bir değer atfedilebilir, çünkü bunlar dini adanmışlık ve takvanın işareti sayılabilir.

Kültüre bir sabite olarak bakıldığında depresyonu yalnızca biyolojik bir bozukluk olarak görmek kolaydır. Yetersiz destek olması durumunda toplumsal stresörlerle ortaya çıkan ve bir dizi bulgu ve yakınmayla giden bir bozukluk. Mesleki psikiyatri ve psikolojinin analitik kategorileri temelde Batılı popüler kültürün önermelerini paylaştığı için, "kelimelerin düzeni" aslında "şeylerin düzeni"ni yansıtır.

Yinelersek: Batı psikiyatri ve psikolojisinin önemli bir bölümü popüler anlayışlardan elde edilen kimi anahtar kavram ve metaforların meslekileştirilmesinden ibarettir. Şizofreni ve duygulanım bozuklukları ayrımı, biraz geriye gidilirse, biliş/duygulanım, yani kafa/kalp ayrımına dayandırılabilir. Bu bakış açısıyla, hastaların yakınmalarının altta yatan patolojik bir fenomeni yansıttığını düşünürüz. Yani, kültür epifenomenaldir: Kültürel farklar var olabilir, ancak bunlar fenomenin kendisi için esas kabul edilmezler. Ancak kültüre önemli bir değişken olarak bakarsak, yani araştırmacı Batılı olmayan toplumlardaki anlam ve yaşantı dünyasını kurcalarsa, duyguların ve hastalığın doğası hakkındaki pek çok önermemiz boşa çıkabilir. Kültürler arasında keder, yas ve öfke gibi duyguların kişisel yaşantısında, sosyal organizasyonda ve yol açtığı sonuçlarda çok önemli farklar olduğu görülecektir. Disfori (neşesizlik) ve hatta dünyaya dönük ilgi kaybı çok farklı sıkıntı bulgularıyla ifade edilebilir. Yani, depresif hastalık ve disfori, kültürler boyunca yalnızca farklı biçimlerde yorumlanmakla kalmaz; tamamen farklı sosyal gerçeklikler olarak kurulurlar da. Değişik dilleri konuşan insanların dünyaları, üzerine farklı etiketler iliştirilmiş aynı dünyalar değildir. Bir başka deyişle, dil gerçekliği belirler.

Buradan linguistik antropolojinin kimi tartışmalarına geçebiliriz. Depresyon kavramı değişik toplumlarda çok çeşitli biçimlerde linguistik ifadesini buluyor. Pek çok dilde depresyon için bir sözcük bile yok ve bu kavram Batı toplumundan çok daha farklı biçimlerde ifade ediliyor. (Çubuk yöresinde bir deyim: Gönül Yorgunluğu.)* Burada bir soru çıkıyor karşımıza: "Eğer onun için bir kelimeleri yoksa, o var mı?"

Julian Leff'in hayli tartışma uyandıran görüşlerinden bahsetmenin tam sırası. Leff'e göre herhangi bir dilin söz dağarcığının yapısı o dağarcığı kullanan ahalinin duygusal dışavurumunun tarihini yansıtır. Buradan ilerleyecek olursak, Leff'in evrimsel merdiveni şöyle yükselir: Bedensel ve psikolojik yaşantıları

* Anadolu'dan hemen aklıma gelen örnekler: "Hani kızgın tavaya atılan yağ gibi, eriyorum." "Yıkılmış bina gibiyim." "Gözlerimde fer kalmadı." "İçimin nuru söndü."

ayırt etmeyen toplumların dilleri (bu yüzden psikolojik duygular bedensel ifadelerle dışavurulur), psikolojik yaşantıları ayırt etmeyen diller ve nihayet, psikolojik yaşantının zengin duygularını dışavuran diller. Çok eleştirilmiş olan bu iddia, Batı ülkelerinde geliştirilmiş bir psikiyatrik görüşme yöntemi olan "Şimdiki Durum Muayenesi"nin farklı kültürlerde uygulanmasından çıkıyor. Bu görüşmelerden elde edilen sonuçlar, bireysel cevaplarda daha az ayrımlaşma olduğunu gösteriyor. Bu bulgu söz konusu toplum ve geleneklerin "az psikolojize" olmuş toplum ve kültürler olduğu iddiasına mesnet yapıyor. Roland Littlewood aynı konuda şöyle söylüyor: "Duygusal terimler, başka bir dilde standart İngilizceye kıyasla hayli az olsa bile, bu hiçbir zaman bireysel ayrımlaşmanın yokluğuna yol açmaz. Tersine, küçük ölçekli, okuryazar olmayan bir toplum iç ruhsal durumlar üzerine ileri derecede bir sözcük haznesine sahip olabilir."*

Özetleyecek olursak; gerçekliği kültür ekseninde yorumlar ve ona tepki veririz. Peki neye yarar kültür? Acı veren güdü ve duygulanımlar (depresyonda olanlar gibi) toplumca kabul edilen bir dizi anlam ve simgeye dönüştürülür. Daha anlaşılmaz olan, anlaşılır olanla yer değiştirir.

---

* Akiro Kurosawa'nın *Ağustos'ta Rapsodi* filminden bir sahne: Kocaları Hiroşima'da ölmüş iki yaşlı kadın belli aralıklarla bir araya geliyor ve bir koridorun ucunda, sessiz, saatlerce oturuyorlar. Torunu, meraklı gözlerle bu törenvâri sessizliği izliyor ve sonra soruyor: "Niye konuşmuyorsunuz babaanne?" Babaanne şefkatle çocuğun başını okşuyor ve cevaplıyor: "Çocuğum, bazı insanlar ses çıkarmadan konuşurlar."

Somatizasyon (Bedenselleştirme): Üçüncü Dünya'nın Dili

Üçüncü Dünya'da beden ana ifade dili ve sıkıntıyı dışavurmanın metaforudur. Somatik yakınmaların, kişisel moral bozukluğu ve toplumsal baskıyı dışavurması şaşırtıcı değildir. Kleinman'ın Çin çalışması ilgi çekici bir örnektir. Kleinman nevrasteni kategorisinin varlığını sorgulamış ve Çinli nevrastenik hastaların yüzde 87'sinin DSM-III Majör Depresyon ölçütlerine uyduğunu göstermiştir. Depresif bulgular antidepresana cevap verse de diğer somatik bulgular ve rahatsızlık davranışı kalıyor. Majör Depresyon teşhisi yerinde ama iyileşme yetersiz. Bu veriler gösteriyor ki, nevrasteni kültürel giysi içinde bir majör depresyon değildir; sıkıntının "psikolojize" anlatım biçimlerinin ayıplandığı bir toplumda sıkıntıyı ifade etmenin özgül bir yoludur. Kültür Devrimi esnasında kişisel sıkıntıların ifade edilmesi engellenmiş ve bu şekilde uygun bedensel tedavisi bulunan bir fiziksel hastalık olarak görülen nevrasteni deyimi, daha tatmin edici olmuştur. Bunun tam aksine, İran'daki devrimle duyguların dışavurulması değer verilen bir olgu haline gelmiştir. Çin örneği gösteriyor ki, sıkı ahlaki dayanışmanın olduğu belli bazı politik bağlamlarda, sıkıntıyı beden üzerinden yaşamak, ruhsal şikâyetlerle yaşamaktan daha uygun olabilir.

Mark Nichter, Güney Hindistan'da Havik Brahmin kadınlarını araştırmış. Bu kültür duyguların dışavurumunu yasaklamıyor gerçi ama sıkıntıyı dışavurmak için bir dizi seçenek var. Şirret bir kaynanayla çatışmalarından yakınmak yerine, sıkıntılarını aybaşı düzensizlikleri şeklinde ifade edebiliyorlar. Geleneksel bilgi kaynaklarında, mesela Ayurveda metinlerinde aybaşı düzensizliği bir beden dengesizliğini olduğu kadar ailevi ve sosyal bir dengesizliği de eleveriyor. Bu anlamları yerli sağaltıcılar yakalayabiliyor ve kadınlara sıkıntılarının toplumsal kaynakları hakkında konuşma fırsatı veriyorlar. Şimdi eğer aybaşı düzensizlikleri yüzünden yardım arayan Havik kadınları DSM-IV ve ICD-10 ölçütlerini kullanan bir klinisyenle görüşselerdi, çoğu majör depresyon, somatizasyon bozukluğu ve geç luteal faz bozukluğu tanılarını alacaklardı. Böylesi bir bilgi, bulguları azaltmakta yararlı olabilir ancak kültürel olarak geçerli ve daha etkin bir tedavinin, aynı zamanda sıkıntının toplumsal kaynaklarına atıfta bulunması ve bulguların toplumsal gerilime uyum sağlamadaki muhtemel işlevlerini görmesi gerekir. İyileşme ancak toplumsal bağlamdaki önemli konuların çözümlenmesiyle olacaktır.

Bir diğer örnek Good tarafından İran'da bir Azeri köyünde yapılan çalışmadır. İran'da çeşitli sorunlar (aile çatışmaları, fakirlik, yaş, suçluluk) kalp sıkıntısına yol açıyor. Kalbe yapılan bu vurgu, kalbi duyguların organı olarak gören İslam tıbbının bir tesiri olabilir.

Somatizasyon geleneksel kültürlerde başa çıkma biçimi olarak görülebilir. Öte yanda "psikolojizasyon" modern zamanların getirdiği kültürel dönüşümle yaygınlaştı. Peki soruyu şöyle sorabilir miyiz: Psikolojizasyon gerçekten varılması gereken bir yer mi?

Kaybedilen Duygu: Tahammül

Üzerimizde büyük bir toplumsal baskı hisseder olduğumuzda, sözgelimi okulda başarısızlık, işyerinde ciddi sorunlar ya da eşin kaybı gibi bir hayat buhranı olduğunda, dünyayı o ana kadarki anlamlandırma biçimimiz iflas eder ve biz durumumuzu açıklayacak diğer seçeneklerin peşinde koşarız. Geleneksel toplumlarda sıkıntının dini ve ahlaki ifadeleri, neyin yolunda gitmediğini, yanlışlığın ne olduğunu açıklıyordu. Günümüzde, özellikle Batı toplumlarında, modernizasyon süreci dertlerle başa çıkmanın bu eski biçimlerini zayıflatmıştır. Sorunları ifade etmek için hâlâ önemli kanallar varsa da, dil değişmiş ve psikolojik dil, genel stres dilinden daha özgül varoluşsal ifadelere dek, eski dillerin yerini almıştır. Artık kişinin toplumsal dünyasındaki duraklayışlar bir günah, şer güçlerinin bir istilası yahut göğüs ağrısı şeklinde ifade edilmez. Psikolojinin dilinde onlar; intrapsişik kaygı, kişisel moral bozukluğu ya da umutsuzluktur. Kişisel sorunların suçluluk veya depresyon olarak açıkça ifade edilmesinin duyguları dolaylı yoldan bildiren ya da sessizlikle anlatan ifade biçimlerine oranla daha ileri bir bilişsel düzeyi temsil edip etmediğini bilmiyoruz; bu konuda bilimsel kanıt yok.

Taussig ve Camaroff'un çalışmaları yerel iyileştirme uygulamalarının kimi zaman koloniyal baskıya ve yönetici sınıfın ideolojisine bir başkaldırı mahiyetinde olduğunu göstermekte. İyileştirme sistemleri gerçekliğin ortodoks politik tanımlamalarına meydan okuyabilirler. Izdırap çekmenin sıradanlaştırılmasına ve bunu sağlayan toplumsal ideolojilere karşı durabilirler. Yerli iyileştirme sistemleri, ahlaki metaforlar aracılığıyla aşkın olanla (transcendent) kendi nefislerimiz arasında bir irtibat sağlayabilir, kişisel kazanç ve narsistik arzu retoriğiyle aşınmış olan kendilik imgelerimizi onarabilirler.

Bizim ehlileştirilmiş bir "doğal" dünyada yaşadığımızı, bu dünyada her şeyin tahmin edilebilir bir düzen içinde gerçekleştiğini ve hastalığın bu düzenden bir sapma olduğunu, bu yüzden katlanılması gerekmeyen bir şey olduğunu bize bildiren bir yanılsama var. Bu yanılsama aynı zamanda ticari açıdan kâr getirici, üstelik politik olarak da kestirme bir çözüm sunuyor. Yerli iyileştirme sistemleri bu yanılsamanın ürettiği çözümleri reddedebilir ve bunun yerine, zar zor kazanılmış ve bu yüzden de politik olduğu kadar ahlaki bir farkındalığı yerleştirebilir. Bu farkındalık şudur: Yaşantılarımız zordur, bizi çevreleyen tehditlerle her gün boğuşuruz, dışımızdaki dünya üzerinde kusursuz bir kontrolümüz yoktur ve bazen onu hiç kontrol edemeyiz. Yaklaşan kaosu geçici bir sükûnete çevirmek hepimiz için her gün uğruna savaşılması gereken bir şeydir.

Dergilerde ve gazetelerde, Prozac-mania olarak sunulan bir toplumsal çılgınlığı okuduk. Amerikan toplumu hep bir mutluluk hapının peşinde: Valium bir zamanların en çok tüketilen ilacıydı, bugünün mucize ilacı Prozac. *Newsweek*'te yas tepkisi nedeniyle kendisine Prozac verilen kişi aynen şöyle diyor: "Tamam kendimi biraz daha iyi hissediyorum ama içimde koca bir boşluk, bir şeylerin çözülmediği, tam hallolmadığı hissi kaldı." Bu örnekte de görüldüğü gibi, artık insanın en doğal, en kendine özgü süreçlerine müdahale ediliyor. Bir kayıba verdiğimiz en doğal tepki olan yas bile istenmiyor artık. Çünkü "verem olmak üretimi düşürür." Çünkü ilaçlara yeni kullanım alanları açılmalıdır.

Halbuki dini geleneklerde (İslam, Hıristiyanlık, Budizm) ızdıraba tahammül önemli bir yer tutar. Ayrıca katlanmanın, çile çekmenin insanı olgunlaştırdığı düşünülmüştür. Modern zamanlar tahammül duygusunu da alıp götürdü. Şimdi ızdırabı ya başa çıkmamız gereken bir stres durumu ya da "iyileştirilmesi" gereken bir hastalık olarak algılıyoruz. Modern toplumda neyin ne olduğuna uzmanlar karar veriyor ve onlar da ızdırabın defedilmesi gereken bir şey, teknik müdahale için bir fırsat olduğunu söylüyorlar.

Ancak insan sorunlarının meslekileştirilmesi beraberinde bir dünyanın kaybını getiriyor. Muzdarip kişi, yaşantısını ahlaki anlamıyla yeniden kuracağı bir yerel bağlamdan oluyor. Kişi kendi çevresi içinde yaşamın anlamı/değeri gibi konular etrafında yaşantısını yeniden kurabilir, farklı bir açıklama sistemi bulabilirdi. Bunun yerine bir antidepresan önerilir kişiye. Hani, eskilerin bir sözü vardı: Ya tahammül, ya sefer. Artık ne tahammül, ne sefer. Sadece Prozac!

Doğu ve Batı

Profesyonel Batı tıbbı (biyotıp) Üçüncü Dünya'da daha genel bir ekonomik dönüşümün parçası olarak üstünlük sağlamıştır. Bu dönüşüm endüstrileşme ve kapitalizmle ilgilidir, onların özel kimlik ve kişilik anlayışlarını da birlikte getirmiştir.

Batılı benliğin (self) yeri özsel olarak bireyin bedenidir. Batı ideolojisi toplumun çok sayıda birbiriyle aynı ve yer değiştirebilir kendiliklerden oluştuğunu varsayar. Bu yüzden psikopatoloji bireyin vücudundadır, onun kişiliğinde, gelişiminde ve tarihindedir. Dolayısıyla burası psikiyatrik müdahale için en uygun odaktır.

Bunun tam tersine, Çin toplumu için temel birim kişinin bedeni değil, toplum, özellikle de ailedir. Aile sadece bizim adına psikopatoloji dediğimiz şeyin yeri değildir, aynı zamanda fiziksel belirtiler de bireyin diğerleriyle olan ilişkilerinden yola çıkarak dolayımsal olarak anlaşılabilir. Bozulmuş bir beden toplumsal düzende bir ahenksizliği yansıtır ve tedavi, psikolojik olmaktan çok ahlaki ve somatiktir.

Doğu toplumlarında kişi, diğer insanlara karşı yükümlülük ile kişiliğini kazanır. Japon kültüründe bu *amae** sözcüğüyle ifade edilir. Bu sözcüğün Anglo-

* Amerikan Psikiyatri Dergisi'nde *amae* kavramı üzerine bir tartışma yayınlandı. Ünlü Japon psikiyatr Take Doi bu kavramı şu örnekle anlatıyor: "Bir konferans için ABD'ye davet edilmiştim. Havaalanında beni karşılayan ABD'li meslektaşım beni evine götürdü ve nazik bir ifadeyle karnımın aç olup olmadığını sordu. Karnım açtı, ancak Japon kimliğim bunu açıklamamın ayıp olduğunu söylüyordu. Japonya'da eve gelen bir misafire hemen yemek ikram edilir. Ona aç olup olmadığı sorulmaz. İşte *amae* budur."

Sakson dünyasındaki karşılığı "bağımlılık"tır. Kişiliğin başka insanlara rağmen kazanıldığı bir bağlamda kuşkusuz "bağımlılık" alçaltıcı bir ima içeriyor. DSM-IV'teki Bağımlı Kişilik kategorisi Batı toplumlarında değersizleştirilen bir olgunun nasıl psikiyatrize edildiğini gösteriyor. Böyle bir kategori, Akdeniz ve Doğu toplumları için anlaşılmaz olsa gerektir.

Kategori Yanılgısı

Bir kültürün tanı kategorilerinin bir başka kültürün hastalarına yansıtılması durumunda, eğer yansıtılan kültürde bu kategoriler tutarlı değilse ve geçerlilikleri yoksa, bir kategori yanlışlığı yapılıyor demektir. Mesela Hindistan'dan bir psikiyatr Semen Kaybı Sendromu'nun* ölçütlerini oluşturur, bunu İngilizceye çevirir ve çevirme işleminde gerekli düzeltmeler yapıldıktan sonra, eğitilmiş bir ekiple ABD'de aynı rahatsızlığın yaygınlığını araştırırsa ne olur? Semen kaybı ABD'de rahatsızlık verici bir bulgu değildir ve halkın ya da meslek erbabının bu sendromla ilgili kategorileri yoktur. Dolayısıyla, böyle bir toplumda söz konusu sendromun geçerliliği yoktur. Bu bir kategori yanılgısıdır.

DSM'ye göre distimik bozukluk veya ICD'ye göre nörotik depresyon da kategori yanlışlığına bir örnek

* "Semen Kaybı Sendromu" kişinin içsel cevherinin giderek tükendiğine inandığı, Hindistan'a özgü bir ruhsal rahatsızlık. Hint erkeği, cevherinin yaşam enerjisinin semeninde (menisinde) saklı bulunduğuna inanır. Bu rahatsızlık, kimi bakımlardan, Batı'daki depresyon kategorisine benzer.

olabilir. Demoralizasyon ve umutsuzlukla giden kronik depresyon durumları Hipokrat zamanından beri Batı'da dikkat çekmiştir. Oysa gerek Çin toplumunda, gerekse diğer Batılı olmayan toplumlarda çok fazla dikkat uyandırmamışlardır. Batı'da bir anlam ifade eden distimi tanısı, dünyanın kalan kısmının büyük bir bölümünde toplumsal sorunların medikalize edilmesini temsil edebilir. Ciddi ekonomik, politik ve sağlık sorunlarının yaygın umutsuzluk ve çaresizlik duyguları yarattığı; moral bozukluğu ve ümitsizliğin, süregen yoksunluk ve sürekli kayıplara cevap olarak ortaya çıktığı, güçsüzlüğün bilişsel bir çarpıtma değil, baskıcı bir sosyal sistem içinde insanların kendi yerlerini tam olarak fark etmeleri olduğu; bu sorunların ahlaki, dini ve politik açıklamalarının yerli nüfus için tutarlı olduğu ancak psikiyatrik kategorilerin havada kaldığı bir coğrafyada, distimi tanısı yalnızca sosyal sorunları medikalize etmeye yarayacaktır. Dahası, bu sürekli moral bozukluğu durumu, sıklıkla kansızlık ve kötü beslenmenin diğer fizyolojik etkileri ile de ilgilidir. Böylesi bir durumda elinde DSM'ye göre geliştirilmiş görüşme formlarıyla distimi yaygınlığını araştırmaya koyulan bir psikiyatristin; Manhattan'da "Semen Kaybı Sendromu"nun yaygınlığını araştıran Hintli bir meslektaşından ne farkı vardır?

Bu noktada, psikiyatristin, bir ruhsal rahatsızlık olgusu ile kişinin sıkıntı içinde olduğu ama hasta olmadığı olguları ayırması gerekiyor. Depresyon bir hastalık, bir bulgu olabildiği gibi, normal bir duygu da olabilir.

Psikiyatri Kimden Yana?

Psikiyatride önleyici ve koruyucu tutumlar gözardı ediliyor. Depresyon ve benzeri psikiyatrik durumların toplumsal kökenleriyle ilgilenme konusunda bir dirençten söz ediliyor. Belki pratik programları yürürlüğe sokmak zor olduğundan, belki de geniş ölçekli sosyal programların önleyici rolü düşünüldüğünde ilaçlara ve psikoterapiye duyulan ihtiyaç azalacağından. İlaç şirketleri depresyonun tedavisinden önemli ölçüde kâr elde ediyorlar ve önleyici tutum, psikiyatri mesleğinin dışında tutuluyor, bir araştırma konusu yapılmıyor. Bireye ve bireyselliğe aşırı vurgu yapan ABD'de bu bir nebze anlaşılabilir ancak Türkiye gibi toplumsal, politik ve ekonomik etkenlerin birey üzerinde büyük baskı uyguladığı ülkelerde araştırmaların yönü üzerinde düşünülmelidir. Arthur Kleinman'a göre koruyucu ve önleyici hekimliğe dönük bu engel aynı zamanda psikiyatrinin berisinde gizlediği bir ideolojinin de ifadesi. Mesleki çıkarlar bilginin üretilmesini, iletilmesini ve dönüştürülmesini etkiliyor. Bu bilgi, akıl hastalığını nasıl anlayıp ona karşı ne yapacağımızı belirleyen profesyonel psikiyatri paradigmasını yapan şeydir. Yani daha işin başında, psikiyatride bilginin üretilme biçimiyle ilgili bir yan tutma vardır. Bu yan tutuş, hem psikiyatrlara daha fazla ekmek verir, hem de araştırma projelerine ilaç şirketlerinden kaynak akışı sağlar.

Sonsöz

Ahmet Hâşim "Melali anlamayan nesle âşinâ değiliz," diyordu. Melal içe doğru bir yolculuktur ve kişiyi zenginleştirir. Hüzün ve melali tedavi etseydik, bugün herhalde pek çok edebi şaheseri okuyamazdık. İnsanın yaşantılarından öğreneceği çok şey vardır. Hüzün bizi iç dünyamızın daha önce keşfetmediğimiz ayrıntılarıyla buluşturabilir. Onu bir misafir gibi kabul etmek gerekir. Misafir size yeni bir dünya getirir ve size bir şeyler katarak ayrılır. Şairin dediği gibi: "Dilde gâm var lûtfeyle gelme üstüme ey sürûr / olamaz bir hânede mihmân mihmân üstüne." Misafire hürmet, geleneğimizin bir parçasıdır. Yaşantılarımıza hürmet etmek de...

BABİL'E VEDA

Paul Feyerabend'e göre, Batılı olmayan ilimlerin birçok yerde ortadan kaldırılmasının nedeni, başarısızlıkları değil, Birinci Dünya bilimini uygulayan toplumların daha büyük askeri güçleri olmasıdır. *Yönteme Hayır*'ın Türkçe çevirisi için yazdığı önsözde Feyerabend şöyle diyor:

> "Dar bir yörede kapalı kalmış toplumların (Batı açısından bakıldığında) nesnellikten yoksun, (niceliklere değil de) niteliklere önem veren, yine de sömürgecilerin bilimlerinden, 'geliştirme' havarilerinin aynı konuda söylemeleri gerekenden kat kat üstün, iklim sorunlarıyla, doğal afetlerle, kıtlıklarla başetme yolları ve bilgileri var. Bu bilgi hiç incelenemedi ki yadsınsın. Yalnızca bir köşeye atıldı. Birinci Dünya bilimi, dünyayı daha iyi anlamamızı ya da hepimize daha iyi yaşama olanağı sağladığı için değil de, daha iyi silahlar ürettiği için kabul edildi."

Yukarıda anılan baş etme yolları ve bilgilerinin nesnesi olarak ruhsal rahatsızlıkları düşündüğümüzde, modern psikiyatri ile geleneksel kültürlerdeki sağaltım teknikleri arasında kesin bir ayrışmadan söz edebiliriz. Modern psikiyatri, Coca-Cola gibi, Batı toplumlarının kültürel bir ürünüdür ve hükümranlığını hastalıkların sağaltımındaki başarısından çok, Batı'nın ekonomik, politik ve askeri üstünlüğünün sırtından sağlar. Tanı kategorileri, sınıflandırma sistemleri ve tedavi teknikleriyle evrensel olmak iddiasındadır. Ruhsal rahatsızlıkları beyin süreçlerinde meydana gelen kimyasal değişikliklerle açıklayan biyolojik yaklaşımların öne çıkmasıyla modern psikiyatri, bu tür rahatsızlıkların ortaya çıkmasında toplumsal süreçlerin oynadığı rolü görmezden gelmeye, dahası gizlemeye başlamıştır. Araştırmalar için gerekli parasal kaynakları çoğu kez devletin ve büyük ilaç şirketlerinin sağladığı Birinci Dünya'da, toplumsal süreçlere yapılan vurgu, iktidar sahipleri tarafından pek hoş karşılanmamaktadır.

Nasıl Batı bilimi, diğer bir deyişle "Birinci Dünya bilimi" bilimler içinde bir bilimse, modern psikiyatri de ruhsal rahatsızlıklar alanında yöntemlerden bir yöntem, tekniklerden bir teknik, bilimlerden bir bilimdir yalnızca. Psikiyatrinin içinden yükselen kimi sesler, Batı psikiyatrisini dünyanın kalan kısımlarına ihraç etmenin bir psikiyatrik sömürgecilik olduğunu söylemiş ve evrensel Batı psikiyatrisinin yerine dünyada uygulanagelen her türlü psikiyatriye eşdeğer bir önem atfeden yeni kros-kültürel (cross-cultural) psikiyatriyi önermişlerdir. Bu yaklaşım -Feyerabend'in sözünü ettiği- kapalı toplumların bir köşeye atılmış ruhsal sağaltım bilimlerini günışığına çıkarmak ve onları insanlığın yararına kullanmak arzusunu taşır.

Sosyal psikiyatri ise daha geniş bir alana tekabül eder. Sosyal psikiyatrinin konusu ruhsal rahatsızlıkların toplumlardaki yaygınlığı, rahatsızlığa yol açan toplumsal etkenler, toplumsal hareketliliklerin bireyin iç dünyasına olan etkileri, farklı toplumlarda rahatsızlıkların algılanma biçimleri vs.'dir. Bu çerçevede etkinlik gösteren bilimadamları, biyolojik ve psikolojik süreçleri yadsımaz ancak insanı bunlardan birinin veya ikisinin toplamının işlevi olarak da değerlendirmezler. Çevre, doğa ve toplum ile insanın etkileşimi sosyal psikiyatrinin ilgilerini oluşturur. Bu yüzden, sözgelimi nükleer felaket, psikiyatrinin meseleleri arasında anılabilir.

Bu hatırlatmalardan sonra, 9 13 Kasım 1992 tarihleri arasında Hindistan'ın Yeni Delhi şehrinde yapılan ve katılma şansını bulduğum 13. Dünya Sosyal Psikiyatri Kongresi ile ilgili izlenimlerimi aktarmak istiyorum.

Kongre, dünyanın dört bir tarafından bilim adamlarının katılımıyla Taj Palace otelinde gerçekleşti. ABD'den Nepal'e, Mısır'dan Hindistan'a, Almanya'dan İsveç'e, Macaristan'dan Pakistan'a, Kanada'dan Çekoslovakya'ya uzanan çok geniş bir coğrafyadan gelen hekimler, psikologlar, sosyal hizmet uzmanları ve araştırmacılar kongreyi düşünce ve ten renkleriyle süslediler.

Kongrede Türkiye'yi benim de aralarında bulunduğum üç hekim temsil ediyordu. Bunun yanı sıra, iki arkadaşımız da dinleyici olarak gelmişlerdi. Tebliğ sunan bu üç hekimden yalnızca birisi, mensup olduğu üniversiteden maddi destek bulabilmişti. Diğer hekim arkadaşım ve ben, gerek mensup olduğumuz kurumlardan, gerekse TÜBİTAK'tan herhangi bir yardım alamadığımız gibi, çıkışta bir de konut fonu harcı ödemiştik devlete. Bunu yazmadan edemeyeceğim: Devletin, ülkemizde tuhaf bir mantığı var. Hayatın her alanında devlet bireyin karşısına çıkıyor ve onun haklarını gasp ediyor. Maç izlemek için yurt dışına çıkandan harç almıyor da, söz konusu bilimsel veya kültürel etkinlik olunca zorbalığını dayatıveriyor. Resmi ağızlar, sonra da bir bilim ve kültür fukaralığından dem vuruyorlar. Kel başa, şimşir tarak!

Pakistan'ın Lahor kentinden Delhi'ye bir gün süren tren yolculuğumuz (bunun neredeyse yarısı gümrükte beklemekle geçti) bedenlerimizi bitap düşürdüyse de, kongreye zamanında katılabilecek olmak, yorgunluğumuzu bir çeşit heyecana tahvil ediyordu. Kongre, başkan Vijoy K. Varma'nın sabah konuşmasıyla başladı. Varma, konuşmasında Batı bilimi ile Doğu bilimi arasında bir mukayeseye girişti. Fritjof Capra'dan da yararlanarak Batı bilimini kıyasıya eleştirdi. Hindistanlı bu psikiyatri profesörünün konuşması şu ana başlıklarla özetlenebilir: Batı bilimi şüphe üzerine kuruludur, oysa Doğu şüpheye yer vermez. Batı dualistik, Doğu ise monistiktir. Batı bilimi, yalnızca beş duyunun sağladığı verilere odaklanır, duyuların ötesini kabul etmez ve iç yaşantıya kulak kabartmaz. Analitik ve indirgemeci yöntemi kullanır ve buradan hatalı sonuçlara varır. Batı biliminin bütüncül bir bakış açısı yoktur. Batı bilimi doğrusal bir nedenselliğe vurgu yaparken, Doğu bilimi birbiri içine geçmiş birçok etkenden söz eder. Batı bilimi belirsizliğe tahammül etmez, oysa bugün Heisenberg fiziği bir belirsizliğe işaret etmektedir. Batı bilimi aşk, dostluk, iman gibi kavramları açıklamıyor, oysa bu kavramlar elle tutulur olmasalar da gerçektirler.

Profesör Varma'dan sonra, sözü Dünya Sosyal Psikiyatri Cemiyeti'nin onursal başkanı Julius Masserman aldı. Rus kökenli ABD'li psikiyatri profesörü Masserman, 90 yaşına merdiven dayamış bir ihtiyar delikanlı. Sosyal psikiyatrinin kurulmasında ve bir paradigma olmasında öncülük etmiş bir isim. Konuşmasına "Sosyal psikiyatri diye bir şey yoktur," diye başladı. "Çünkü bütünüyle psikiyatri, sosyal psikiyatridir!" Masserman böylece, ruhsal rahatsızlığı ve sağaltımı ait olduğu toplumsal-politik bağlamdan asla koparamayacağımızı, bunu yapsak bile hatalı bir tutum olacağını imliyordu. Konuşması, görmüş geçirmiş, çok şeyler yaşamış ve tecrübelerini, bilgilerini insanlık uğruna kullanmak isteyen bir insanın çaresiz yalnızlığını duyumsattı bana. Masserman, barış içinde bir dünya için ulusların ruh sağlığını da gözetmemiz gerektiğini söylüyor ve deneyimli psikiyatrların dünya liderlerine danışmanlık yapmasını ve onları türlü çılgınlıklardan alıkoymalarını öneriyordu.

Sabah konuşmalarından sonra tebliğ sunumlarına geçildi. Benim tebliğimin konu başlığı, "Türkiye'de Ruhsal Rahatsızlıklarda Kullanılan Geleneksel Sağaltım Teknikleri" idi. Afyon'un Karacaahmet köyünden ve Adıyaman'da alkolikleri ve madde bağımlılarını iyileştiren bir sufi oluşumundan söz ettim. Gerçekten de, modern psikiyatri alkol ve madde bağımlılığı konusunda çok aciz. Bu rahatsızlıkların sağaltımında inanç çok önemli. Bu inancı karşısındakine verebilen kişi onu iyileştirebilir. Tıbbi sağaltım, seküler ve Kartezyen anlayış üzerine kurulu olduğu için inançla bir alıp vereceği yok. Hal böyle olunca da, kimi alanlarda eksik kalıyor. Psikiyatri, dini yahut inancı reddetmek yerine, onun sunduğu imkânlardan yararlansa ne iyi olurdu! Zaten Batı'da alkolizm tedavisinde en etkili yöntem Adsız Alkolikler (Alcoholics Anonymous) adıyla örgütlenen ve dini bir zeminde işlev gösteren topluluğun yöntemi. Bu yöntemde alkol alışkanlıklarını terk eden kişiler birbirlerine ve bu sorundan muzdarip diğer insanlara kol kanat gererler. Alkolizm tedavisinde iknanın oynadığı rol çok önemlidir. Gerek Karacaahmet Köyü'nde, gerekse Adıyaman Menzil'de uygulanan tekniklerin ortak noktası, uzlete, bir başına bırakılmaya yaptıkları vurgu. Bildirimi sunduktan sonra, bir Alman hanım, bunun kimi Budist meditasyonlarında da kullanılan bir yöntem olduğunu ifade etti.

Sabah konuşmaları ve bildirilerinin ardından bir yemek molası verildi ve hemen sonra ikindi oturumlarına geçildi. Konu başlığı "Din, Felsefe ve Psikiyatri" idi. Yalnızca başlık bile insanı heyecanlandırmaya yetiyor. Çünkü yaşadığımız ülkede bu üç sözcüğü bir araya getirmek hoş karşılanmıyor. Bu üç sözcükten birlikte söz ederseniz yanınızda yörenizde bulunan kimi sığ kafalar, size Merih'ten gelmişsiniz gibi davranıyorlar. Ve siz bir dünyalı olduğunuzu, size yeryüzüne "Merihli" gibi davrananlardan daha sıkı bastığınızı işte burada, Hindistan'da fark ediyorsunuz. Statükonun oyununa gelmemiş, dünya üzerine fikir yürütmeyi sürdüren, hayatı anlamaya çalışan pek çok meslektaşınız var burada. "Transpersonal Psikoloji: Marksist Yanlışların Düzeltilmesi" başlıklı bildiride Hindistan'dan S. Basu sınıflar arası çatışmaya yapılan vurgunun birey ve toplum arasındaki çatışmaları gözden kaçırdığını söylüyor. Bir bilinçlilik hiyerarşisi olmadan toplumcu bir ortamın kurulamayacağını ifade ediyor. Rusya'dan Davydov'un bildirisi, "Rusya'da Psiko-Sosyal Stres Bağlamında 'Allah'ın Aptalı' İmgesi" başlığını taşıyor ve Rusya'da çarı eleştiren, norm dışı ve topluma aykırı kişilerin "Allah'ın aptalı" olarak tanımlandığını belirterek, bu tarihsel kavramın arkaplanını araştırıyor. Almanya'dan Pachaly, Doğu-Batı çatışmasından sonra bugün bir Kuzey-Güney çatışmasından söz edilebileceğini söylüyor. Üçüncü ve Dördüncü Dünya'da "Batılı standartlar"a ulaşma yolundaki gayretin gözden geçirilmesini öneren Pachaly, Batılılaşmanın insanın önünde sonunda bir şeye/nesneye dönüşmesi demek olduğunu ve mazlumun zalimiyle özdeşleşmesi anlamına geldiğini belirtiyor. Hindistan'dan Raqhurami "Dünya Barışı: Efsane mi, Yoksa Mümkün mü?" başlıklı bildirisinde Krişnamurti'nin görüşlerinden hareketle milliyetçiliği ve yurtseverliği tartışıyor. Milliyetçiliğin yaşadığımız dünyada barışı engelleyen en önemli hastalık olduğunu söylüyor. Hindistanlı bilim adamlarından birkaç bildiri daha: "Zihnin Bir Bilinçlilik Modeli," "Zihin, Ruh ve Bilinç," vb.

Şimdi, okumakta olduğunuz yazının başına neden Feyerabend efendinin o sözlerini oturttuğumuz anlaşılabilir. Üçüncü Dünya kendi bilimini üretiyor. Ancak bu bilimin Batı'da alıcısı yok; çünkü bu bilim aynı zamanda güçlü silahlar üretmiyor. Ancak insanın zihinsel/ruhsal yaşantısı üzerine Batı biliminden daha zengin tanımlar ve kavramlar getiriyor ve bunu da ancak deplasmanda değil de kendi evinde oynadığında ifade edebiliyor. Bu, işin bir yönü. Bir diğer yönü de, Batılı-olmayan (non-Western) dünyanın bir bölümünün hâlâ uykuda olması. Türkiye gibi muazzam ve köklü bir mirası tevarüs eden bir ülke, hâlâ kaç yüz yıllık medeniyetini inkâr ediyor, onu sahiplenmiyor. Yüzyılların birikimi bir çırpıda gözden çıkarılıyor.

Sonraki günlerde de, ilginç konuşmalar ve yüksek düzeyde tartışmalar devam etti. İngiltere'den katılan psikiyatri profesörü John L. Cox'un konuşması, bütün psikiyatristlerin kulağına küpe olacak nitelikteydi. "Batı psikiyatrisinin iki tabusu var: Seks ve din!" diyen Cox, sekülerizasyonun psikiyatriye yansımalarını da şöyle özetliyordu: "Artık hastalarımızın dini duygularına hiç önem vermiyoruz ve onları sağaltabilecek alternatif yöntemlere de açık değiliz."

Psikiyatrik görüşmelerde dini duyguların çok az sorulduğunu ve çoğu kez de es geçildiğini söylüyordu Cox. Halbuki inanç eksikliğinin depresyona zemin hazırladığını, şizofreninin Üçüncü Dünya'da daha iyi bir gidişinin olduğunu ve dini inancın bu iyileşmeyi artırdığını biliyoruz. İngiltere'de Hıristiyanların dini uygulamaları bıraktıklarını, buna mukabil Müslümanların dine daha sıkı sarıldıklarını söyledi Cox. Konuşmasından sonra sohbet için yanına gittik. Nüktedan, sevecen bir insan; Türkiye'de de dinin psikiyatriyle ilişkisinin ihmal edilip edilmediğini sordu. Alkolizm ve uyuşturucu bağımlılığı, intihar yaygınlığı Batı'ya oranla bu denli düşükken ve bunu sağlayan da dinin kendisi iken, hâlâ ihmal edildiğini söyledim.

John L. Cox, psikiyatri ile ilahiyatın işbirliğinden yana. Bir Fransız hekim de Mağribli hastasının sağaltımında bir din adamıyla çalıştığını ve çok olumlu sonuç aldığını belirten bir bildiri sunmuştu. Yaşadığımız ülkede psikiyatrik rahatsızlıklara yakalanmayı kolaylaştıran bir etken nasıl dinin yanlış algılanması ise, onun doğru algılanması da toplumumuzun ruh sağlığını korumada en büyük etken.

Kanadalı psikiyatri profesörü Wolfgang Jilek uzun yıllar Kızılderililerin arasında yaşayarak, onların ruhsal sağaltım tekniklerini incelemiş. Beyaz adamın Kızılderililere musallat ettiği "ateş suyu"nun, yani alkolün yaygın tüketimine tanıklık etmiş. Alkolizm Kızılderili toplumunda bir hayli önemli bir problem iken, modern psikiyatri orada başarılı olamıyormuş. Yerli iyileştiriciler bu konuda çok daha başarılıymış. Bunu Jilek şöyle açıklıyor: Kültürün içinden çıkan iyileştirici, o kültürün bireylerinin kişilik örüntülerini biliyor. Kültürel olarak kabul edilmiş sembolleri sağaltımda kullanıyor. Sağaltıma o toplumun diğer üyelerini de katarak bir nevi sosyal mühendislik yapıyor. Alkolik kişinin gereksindiği telkin ve inancı ona verebiliyor.

Hintli profesör Rad da, "Teknolojik Gelişmeler ve Ruh Sağlığı" başlıklı bildirisinde, teknolojinin gelişmesine koşut olarak ortaya çıkan toplumsal çözülme ve yabancılaşmadan söz etti. Aile bağlarının zayıfladığını, bilim ve teknolojinin insanın ruhsal gereksinimlerini karşılamadığını ifade etti.

Beş gün süren ve üç yüze yakın katılımcının olduğu bu kongrede konuşulanlar sayfalarca yazılabilir. Ancak tüm bunlardan bende kalan bir duygu var ki onu yazsam yeterli olacakmış gibi geliyor: Yalnız değiliz! Dünyanın en uzak köşelerinde dahi bizim gibi düşünen, Batı medeniyetine eleştirel bir gözle bakan, bilimi ve teknolojiyi iman edilecek putlar gibi görmeyen, dünyanın ve barışın üzerine titreyen insanlar var. Onca yorgunluğa bu duyguya ulaşmak için katlandık. 14. Dünya Sosyal Psikiyatri Kongresi'nde Hamburg'da buluşacağız. Kongrenin başlığı "Babil'e Veda", altbaşlığı ise "Psikiyatrinin Sınırlarını Anlamaya Doğru."

Peki neden Babil? Tanıtım broşüründe bu şöyle açıklanıyor:

> "İnsanlar Tanrı'ya doğru bir kule yaptıklarında büyüklenmelerinin sonucu olarak dilleri dolandı. Psikiyatrinin tarihinde Babil tekrarlanıp duruyor. Büyüklenme ve başkalarını hor görme, kimi kötü suçlara neden olmuştu. Psikiyatrinin en bildik yapıları bile meslek erbabı ile ruh sağlığı hizmetinden yararlananlar arasında bir etkileşimi önlüyor, onları eşit ortaklar olmaktan alıkoyuyor. Sağaltımın nesneleri olarak, psikiyatrik

yaşantıları olan kişilerin öznel yaşantıları görmezden geliniyor. Psikiyatriyi geliştirmek için hastalığın ve sağaltımın öznel yaşantısı üzerine odaklanmalıyız. İlk kez bir kongrede psikiyatrik hizmetleri kullananlarla meslek erbabı doğrudan buluşacak ve psikiyatrinin geleceği için karşılıklı ortak bir dil arayacaklar... Psikiyatri içindeki kavga artık sosyal ve biyolojik psikiyatri arasında değil, sağaltımın öznesini birey olarak görenlerle özneyi 'nesnel olarak' bir nesne gibi görenler arasında gerçekleşecektir."

Bu harika manifesto, dünyamızın ve insanlığın geleceğine dair umutlarımı çoğaltıyor. Aynı manifesto şu anarşist mesajla bitiyor: "Bireyselliğe ve çeşitliliğe izin vermek, kaosa izin vermek yolunda bir isteklilliği de gerektirir..."

BABİL'İN ÖTESİ

Ve insanlar dediler: Haydi, öyle bir kule
yapalım ki, ucu cennete erişsin
ve şanımız alsın yürüsün.

Kitab-ı Mukaddes Babil Kulesi'ni şöyle anlatır: İnsanlar Tanrı'ya ulaşmak ve ona denk olmak istediler ve bu megalomani, dillerinin dolanmasıyla cezasını buldu.

14. Dünya Sosyal Psikiyatri Kongresi, kendisine tema olarak Babil'i seçmişti. Hamburg'ta yapılan kongre, hem psikiyatri hem de bilim tarihi bakımından ilginç özellikler arz ediyordu.

Tarih, Babil'in tekrarlarıyla doluydu. Zayıf, farklı ve çaresiz insanların istihkâr edilmesi ve megalomani, en kötü suçlara yol açmıştı. Günlük psikiyatrinin de Babil'i andırır özellikleri vardı: Psikiyatri kurumlarında çalışanlar iktidarı ellerinde tuttuklarından hastaların öznel deneyimlerine ve kişisel saygınlıklarına kıymet vermiyor ve onları teşhis ve tedavi yöntemlerinin bir nesnesi haline getiriyorlardı. Kongrenin temel amacı psikiyatrinin bu kibirli tavrını sorgulamak ve meslek erbabı, hastalar ve hasta yakınları arasında ortak bir dil oluşturmaktı. Bu yüzden, psikiyatri tarihinde ilk defa, hastalar, hasta yakınları ve meslekten kimseler bütün oturumlarda eşit bir biçimde temsil edildiler. Kongre boyunca kulağımıza en sık çalınan sözcük, "trialog" oldu.*

Kongrenin ilk birkaç gününde Alman konuşmacılar Nazi döneminde işlenen -şizofrenlerin ve zihin özürlülerin katledilmesi gibi- psikiyatri suçları nedeniyle art arda özür dilediler. Bunu bir Alman dostumla konuştuğumda şöyle dedi: "Almanya, Nazi geçmişiyle bir türlü hesaplaşabilmiş değildir. Geçmiş orada duruyor, olanca günahıyla birlikte. Ama biz o geçmişin yasını tutmaktan aciziz. O yas tutulmuş olsa belki her şey daha kolay olacaktı." Nazi suçlarını rakamlandıran bir konuşmacı şu bilgileri verdi: 400.000 insan akıl hastası olduğu için hadım edilmiş ve 270.000 insan aynı nedenle ya gaz odalarında ya da ameliyat masalarında can vermiş. Ve bilim çevreleri, hukuk kurumları, kiliseler sessiz kalmış. Korkunç bir şey!

Dikkati çeken bir konuşmacı, Dr. Dörner, Batı uygarlığını eleştirirken şöyle diyordu: "Bizler önce doğayı mahvettik, sonra diğer toplumlara bulaştık ve onları mahvettik ve sonunda sıra zayıf insanlara geldi. Onları

* Monolog, hep belli bir kişinin konuşup diğer kişinin/kişilerin dinlediği bir durumu, diyalog iki kişi veya kesimin karşılıklı söz alışverişini ifade eder. "Trialog"da ise üçlü bir iletişim söz konusudur. Bu örnekte, doktor, hasta ve hasta yakını.

kendi bünyemizden atmak için kurumları icat ettik ve oralarda onları da mahvettik!"

Toplantılar boyunca beni en çok etkileyen şey, dinleyicilerin (pek çoğu hasta ve hasta yakınıydı) aktif katılımları oldu. Bir konuşma biter bitmez çok sayıda dinleyici söz alıp kendi görüşünü dile getiriyordu. Demokrasi geleneği dedikleri şey bu olsa gerek. Hiç kimse görüşlerinden ötürü bir ayıplanmaya yahut kovuşturmaya uğrayacağına inanmıyor ve bu yüzden herkes alabildiğine rahat biçimde kendisini ifade ediyor.

Toplantının açılışını Hamburg piskoposu (bishop) yaptı. Piskopos, mevki olarak, bizim ülkemizdeki bir il müftüsüyle karşılaştırılabilir. Peki, İstanbul'daki bir tıp kongresinde İstanbul müftüsünün açılışı yapmak için davet edildiğini düşünebiliyor musunuz? Kongre boyunca Protestan din adamları ve kadınları, yer yer vaaza dönüşen konuşmalar yaptılar. Ben o sıralarda hep Türkiye'yi düşündüm. Kendi halkının dininden böylesine korkan devleti düşündüm. Beni Hamburg'ta bir hafta boyunca ağırlayan aile de ilahiyat eğitimi almış bir Protestan çift idi. Akşamları bu nazik insanlarla uzun sohbetlerimiz oldu. Ailenin reisi, Joachim, bir Protestan kilisesinde papaz olarak çalışıyordu. İlahiyat eğitiminin üstüne, sosyoloji, antropoloji ve felsefeden oluşan bir master programına devam ediyordu. Bu noktada, ortada bizim aleyhimize olan açık bir dengesizlik göze çarpıyor. Kilise cemaatinin karşısına çıkan, oldukça iyi eğitimli bir kimse... Oysa cami cemaati en fazla lise mezunu bir insanla yetinmek zorunda. Buradan hareketle resmi eğitim kurumlarına bir değer atfetmek, yapmak istediğim son şey olur; ancak dünyayı pek çok kanaldan tanıma ve değerlendirme şansına sahip olmuş birisi, herhalde cemaatine daha fazla yardımcı olabilecek, onlarda bir bilinç uyandırabilecektir. Papazların cemaatlerinin toplumsal örgütlenmelerinde etkin bir rol oynadığını hatırlamak gerekir. Oysa imam, özellikle büyük kentlerde, silik bir kişilik olmaya adeta mecbur ediliyor.

Türkiye'den üç konuşmacı vardı. Benim bildirimin başlığı ise "Din ve Psikiyatri: Müttefik mi, Düşman mı?" idi. Bu başlık altında geleneksel kültürümüzdeki kimi imkânlardan bahsetme fırsatı buldum. Tarikatlar geçmişimizde toplumsal dengeyi sağlama ve insanları ruhi açıdan tekamül ettirme hususunda önemli bir işlev yüklenmişlerdi. Üstelik aciz ve muzdarip insanlara kol kanat gererek adeta bir barınak işlevi görmüşlerdi. Bu, günümüzün ruh sağlığı hizmetleri ile mukayese edilirse, oldukça müşfik bir yaklaşımdır. Seküler Batılı anlayışın psikiyatriyi insanlığın manevi problemlerine bir ilaç gibi sunması ve neredeyse bütün kurumlarıyla seküler din yaratma arzusunda olması dikkat etmemiz gereken bir el çabukluğudur. Bu bildiriyle kendi kültürümüz içindeki bazı imkânlara değindim ve çoğunluğu Alman olan izleyicilerden aldığım tepki olumluydu.

Bahsetmek istediğim iki bildiri daha var. İlki Almanya'da yaşayan ve bir Türkle evli bulunan Michaela Özelsel Hanım'ın bildirisi. Bu hanım Anadolu'nun geleneksel kültürünü öylesine sahiplenmiş ki, Mevlânâ hikâyelerini terapinin asıl malzemesi olarak kullandığı bir psikoterapi ekolü kurmuş. Bu ekolün hayli ilgi uyandırdığını ve ABD'de çeşitli şehirlerde seminerler verdiğini sohbetimizde anlattı.* Özelsel Hanım İslami yaşama biçiminin Almanya'da özellikle başörtülü hanımlarda büyük bir gerilim meydana getirdiğini söyledi. Bu insanlar hakarete en çok uğrayan kesim imiş. Özelsel Hanım, kendisinin de bazen başörtüsüyle dolaştığını ve Almancası iyi olmasına karşın kimi insanların kendisiyle çok kaba konuştuğunu ve "siz" yerine "sen" diye hitap ettiklerini de söyledi. Almanya'da hanımlar arasında bir araştırma yapılmış; hangi milletin erkekleriyle evlenmek istersiniz diye. Sıralamanın orta yerinde Almanya şartlarına adapte olan Türkler var, en altında ise geleneksel yaşam biçimlerini sürdüren Türkler. Hanımların yüzde 50'si adapte olanları tercih edebileceğini söylemiş, bu oran siyah ırktan olanlar için yüzde 29 ve geleneksel tarzı sürdüren Türkler için yüzde 8. Neden diye sorulduğunda şu cevap alınmış: "Siyahlar siyahlıklarına bir çare bulamazlar; ancak Türkler bizim daha iyi olan yaşama tarzımıza ayak uydurabilirler."

Bir başka konuşmacı, Irene Pinn de Alman basınındaki gizli bir ırkçılığa değindi. Bu ırkçılığın mümeyyiz vasfının İslam karşıtlığı olduğunu söyleyen Pinn, dergi kapaklarından hazırladığı slaytlarla Alman basınının irtica çığırtkanlığını gösterdi. *Die Zeit* dergisinden bir örnek: Sadece gözleri görünen çarşaflı bir bayan, altında bir başlık: "Batı'nın düşmanı İslam." Bayan Pinn,

* Michaela (Mihriban) Hanım'ın kitapları sonraki yıllarda dilimize çevrildi.

"Türkiye'ye gidenler yaşayan İslam'la ilgilenmiyor," dedi ve ekledi: "Yazık ki, Türkiye'ye özgü değer olarak yalnızca göbek dansını getiriyorlar." İslam'ın bir politik nesneye, bir "düşman nesneye" dönüştürülmeye çalışıldığını söyleyen konuşmacı, Doğulu kadının da haremde çıplak resimleriyle cinsel nesne olarak sunulduğunu belirtti. Brigitte dergisinden bir resim: Çarşafının içinden korkuyla bakan bir kadın. Altında başlık şöyle: "İslam ve Kadın." Bu kapak resmiyle iletilen mesaja dikkat edin. Pinn'e göre, İslam-karşıtı ırkçılık İslam'ı ikiye ayırıyor: İyi ve kötü. İyi İslam, entegre olan; kötü ise, olmayan.

Psikiyatri tarihinde ilk defa bu kongrede hastaların öznel yaşantılarına da bir bilgi kaynağı olarak yaklaşılması, kimilerini de bir hayli şımarttı. Bu yönüyle kongre zaman zaman panayır havasına büründü. Sözgelimi, bir panel yapılıyor ve herkes ciddi ciddi konuşuyorken, birisi sahneye fırlıyor, elinde bayrak, şarkı söylemeye başlıyor: "İlaç istemiyorum! Doktor istemiyorum! Bu benim vücudum." Kongrenin özgürlükçü bir havası var ya, kimse adama "Yahu kardeşim, kürsüden in de panele devam edelim," diyemiyor. Adının Matthias olduğunu öğrendiğimiz korsan konuşmacı, neden sonra hevesini alıyor ve "Tamam artık, devam edebilirsiniz," diyerek kürsüden iniyor. Doğrusu bu ya, en ilgi gören oturumlar da psikiyatri uygulamalarının kıyasıya eleştirildiği oturumlar oluyor. Her konuşmadan sonra en az on kişi söz alıp kendi deneyim ya da eleştirilerini belirtiyor ve bu da kongreye önemli bir canlılık kazandırıyor. Şerif Mardin bizde düşüncenin az gelişmişliğini "daemonik" kültürün yokluğuna bağlarken galiba haklı: Şeytanın avukatlığına soyunan birileri olmadıkça düşüncede çok seslilik yakalanamıyor.

Kongrede pek çok ilginç bildiri sunuldu, çok önemli tartışmalar gerçekleşti. Bütün bunlardan benim süzebildiklerim ise, psikiyatri biliminde bir paradigma değişikliğinin arefesinde olduğumuz hissi oldu. Atalarımız "Hekimden sorma, çekenden sor" diye boşuna dememişler.

Artık öznel deneyim ve yaşantıların sesine kulak kabartmanın zamanı geldi. Pozitivist paradigma insanın iç dünyasında olup bitenleri kavrama hususunda yetersiz kaldı. Şimdi, çekenlerin, muzdariplerin de konuşacağı yeni bir psikiyatrinin eşiğindeyiz.

Bende uyanan bir diğer his de, düşüncede anarşizmin mutlak gerekli bir şey olduğu idi. Konuşan, yazan ve karşı çıkan insanlara ihtiyacımız var. Kendi nefislerinde Babil kuleleri dikenlere, bütün sesleri susturup kendi sesini ilahi bir avaz gibi sunanlara karşı çıkacak insanlara ihtiyacımız var.

Bir gün dilimizin dolanmasını istemiyorsak, şimdi güzel sözler söylemeye başlamalıyız.

Bölüm 3

SIRADAN ŞEYLER

BARBARLARI BEKLERKEN

Ankara'da yaşayan ve zihinsel mesaisinin önemli bir bölümünü gündelik siyaset üzerine düşünmekle harcayan dostum anlatıyordu: İsimlerini yakinen bildiğimiz, toplumsal hayatta şu ya da bu şekilde temayüz etmiş insanların çoğu aslında başkalarının, görünmez şer güçlerin adamıydı. Dostum heyecanla anlatıyordu. Saatlerdir anlatıyordu. Ve biz, ne tezgâhların döndüğünden haberdar değildik. Mars'tan birisi gelmiş de oradaki hayatın sırlarını ilk kez bize ifşa ediyormuş gibi, şaşkınlık, heyecan ve kafa karışıklığı içinde dinliyorduk. Sıklıkla, "Yok canım!" diyorduk, "Komplo nazariyatının bu kadarı da fazla."Yine de, öyle fazla inanmazlık göstermeye de cüret edemiyorduk. Ne de olsa dostumuz Ankara'dan, sıcak siyasetin kalbinden geliyordu ve elbette bizim bilemediğimiz kimi ayrıntıların onun elinin altında olması tabiiydi. Bizim sıradan bildiğimiz hadiseler, düşünce ve siyaset dünyasının masum gibi görünen isimleri birer birer hallaç pamuğu gibi atılırken, sorular içimizi kemirmeye başlamıştı: Peki biz kimin adamıydık? Kimler tarafından kullanılıyorduk? Hiç farkında olmadan kimin davasına hizmet ediyor ve hangi tezgâhlara getiriliyorduk?

Dostumuz bu soruları nezaketle savuşturdu. Ama ben, İstanbul'da yaşayan naif ve bihaber güruh adına, cevabi nitelikte kendisine bir şiir okudum. Kavafis'in bu şiirinin komplo nazariyatına verilmiş en güzel cevaplardan birisi olduğunu öteden beri düşünüyordum. Şükür ki, naiflik imdadımıza yetişmişti. Şiirle hemhal olan nazenin insanların düşünce erbabının sert salvoları karşısında suspus olmalarına alıştık derken, İskenderiyeli üstadın dizeleri, şairlerin ve şiir okurlarının ekseriyetle aleyhine olan bu makus talihi herhalde değiştirebilirdi.

Kavafis'in "Barbarları Beklerken" adlı şiirini birlikte okumaya başlayalım:

Neyi bekliyoruz böyle toplanmış pazar yerine?
Bugün barbarlar geliyormuş buraya.
Neden hiç kıpırtı yok senatoda?
Senatörler neden yasa yapmadan oturuyorlar?
Çünkü barbarlar geliyormuş bugün.
Senatörler neden yasa yapsınlar?
Barbarlar geldi mi bir kez, yasaları onlar yapacaklar.
Neden böyle erken kalkmış imparatorumuz,
şehrin en büyük kapısında neden kurulmuş tahtına,

başında tacı, törene hazır?
Çünkü barbarlar geliyormuş bugün,
onların başbuğunu karşılamaya çıkmış imparatorumuz.
Bir de koca ferman hazırlatmış
ona rütbeler, ayrıcalıklar bağışlayan.

Şiirin tümünü okumak isteyenler, Cevat Çapan'ın *Kavafis'ten Kırk Şiir* adlı kitabına bakabilirler. Şiirin devamında yargıçlar ve konsüllerin işlemeli, kırmızı kaftanlar giyinip geldiklerini; yakut bilezikler, görkemli zümrüt yüzükler takındıklarını öğreniyoruz. Ünlü konuşmacılar da her zamanki gibi söylev çekmiyorlar; çünkü barbarlar geliyor ve onlar da güzel sözlere pek aldırmazlarmış. Şimdi şiirin son bölümünü okuyalım birlikte:

Nedir bu beklenmedik şaşkınlık, bu kargaşa?
(Nasıl da asıldı yüzü herkesin!)
Neden böyle hızla boşalıyor sokaklarla alanlar?
Neden herkes dalgın dönüyor evine?
Çünkü hava karardı, barbarlar gelmedi.
Sınır boyundan dönen habercilere göre,
barbarlar diye kimseler yokmuş artık.
Peki, biz ne yapacağız şimdi barbarlar olmadan?
Bir çeşit çözümdü onlar sorunlarımıza.

Barbarları beklemek bizi sorumluluktan kurtarır. Yapmak zorunda olduğumuz her şeyi böyle bir gerekçeyle erteleyebiliriz. Barbarların varlığı, tamamen bizim kendi günahımız olan işlerin vebalini kolayca sırtımızdan atmaya yarar. Bir şeyi kötü yaptıysak, o, barbarlar var diyedir. İşler yolunda gitmiyorsa, mutlaka barbarlar çomak soktuğundandır.

Halbuki barbarlar bizim icadımızdır. Öteki, bizim icadımızdır. Onu biz icad ettik, ama bunu kendimize bile fısıldamak istemiyoruz. Çünkü o, bizim sorunlarımıza bir çeşit çözüm.

"Tarih: Galiplerin yazdığı kitap" diyordu Cemil Meriç. Şunu ekleyebilir miyiz: "Komplo nazariyatı: Mağlupların yazdığı kitap." Derse geç kalan öğrencinin özür kâğıdı.

O kadar zamandır bekledik; barbarlar gelmiyor. İyisi mi biz oraya gidelim ve Figaro'nun düğününde halay çekelim.

SOKAKLARIN UĞULTUSU

Kavgalara, meydanlara hiç bulaşmadım. Çocukken bana uslu olmayı öğrettiler. Ben de bütün memur çocukları gibi cebimde temiz bir mendil taşıdım. Bütün uslu çocuklar gibi derslerime iyi çalıştım, pekiyiler aldım. Sokakları merak ettiğim her seferinde kendimi kitapların tesellisine, evde olmanın emniyetine bıraktım. Sokakları hep naif bir ürkeklikle karşıladım. Ama uslu çocuk olmanın ve evdeki emniyetin kefaretini, yüzümde terleyen sakalıma sevdalandığım günlerde, fazlasıyla ödedim. İçimde fokurdayan bir şeyler terbiye edilmiş, hizaya getirilmiş ne varsa onu darmadağın etti: Haylazlığa merak salan bütün uslu çocuklar gibi, karşıma tüzükleri ve çatık kaşlı şeyleri aldım. Onlarla çarpışarak büyüdüm. Ergenlik dönemim kolay bırakmadı beni, ileri yaşlara kadar otoriteyi temsil eden her şeye karşı bir öfke besledim, iktidarın her türlüsüne bir soğukluk duydum. İyileşmeyen, bir türlü şifa bulmayan ergenlik, hayatımda yer tutan şeylere karşı bir muhalefete dönüşerek bir ölçüde ehlileşti. İsyan ruhunu daha kabul edilebilir bir şeye dönüştürerek galiba rahatladım. Benim haylazlığım tuttuğunda zaten sokaklar kalmamıştı; adeta bir hortum sokaklardaki coşkuyu, heyecanı, kanı ve gözyaşını emmişti. O gün bu gündür sokakların uğultusu tuttuğunda kalbim ne yapacağına, nasıl davranacağına, neler hissedeceğine karar veremiyor. Uslu çocuğun ürkekliği, ergenin o sokaklarca sınanmamış haylazlığı ve nihayet otuz yaşın temkinliliği karışıp tuhaf bir heyecan halinde kalbimi yokluyorlar.

Doğrusu, sokakların uğultusunda kendi hayat tecrübelerime denk düşen bir yan buluyorum.

Nasıl mı?

Geçtiğimiz yıllarda İstanbul gettolarında yaşanan olayları gözlerimizin önüne getirirsek, belki daha açık düşünebiliriz. Sağduyu sahibi her insanın teslim edeceği gibi, olayların tetiklenmesinde provokatörlerin parmağı var. Ancak bu olayın neredeyse bir ayaklanmaya dönüşmesinde kışkırtmadan daha fazlası var. Bu hareketlilik, şehirle ilişkileri ergenlik döneminden geçen insanların, gecekondu insanlarının tepkisi olarak karşımıza çıkıyor. Bütün bu kıpırdanmaların gecekondu mahallelerinde başladığı gerçeğini unutmamalıyız. Şehrin basıncı en çok kenarlara vuruyor, kötü ekonominin ve kötü siyasetin gölgesi en çok yoksul mahallelerini karartıyor. Bu olumsuz tablo içinde şehirle ilişkilerini yeni yeni yerine oturtan, yeni bir kültüre ve yaşayışa geçmenin sancılarını alabildiğine sıcak hisseden insanlar ciddi açmazlarla karşılaşıyorlar. Şehirli kimliğini alacak, bunu istiyor ama şehir bugünlerde ona hiçbir şey vaad etmiyor. Şehir, tam aksine, bir düşkırma makinesi biçiminde işliyor. Şehre katışmak arzusundaki "ergen", ondan beklediği emniyet hissini alamadığı için, kendi emniyet çemberini de terk etmek istemiyor. O buralı gibidir, ama aslında oralıdır. Şehirli gibidir, ama buram buram köy kokar.

Çoğu ergenin yetişkinliğe geçerken yaşadığı kimlik karmaşası bir biçimde burada da karşımıza çıkıyor. Ona annelik yapamayan şehir artık kötü nesnedir. Şehre dönük umutlar öfkeyle yer değiştirir. Kötü nesne olarak şehir, düş kırıklıklarının yığılması ve öfkenin billurlaşmasıyla defedilecek bir bela haline gelir. Şehrin lanetinin bir sembolü olan karakol, bir belayı kovmak istercesine taşlanır. Karakol şehrin iktidarını simgeler. Karakol şehrin düşkırıcı olarak onlara nüfuz ettiği ilk yerdir. Ellere var da onlara yok olduğu için biriken öfke, kışkırtıcıların zamanı ve yeri iyi tutmasıyla, bir ayaklanmaya dönüşür ve sokaklar uğuldar. Şehirle olumlu bir münasebet kurulabilse idi, "ergenlik dönemi" daha kolay atlatılacak ve yerleşikliğin verebileceği temkinliliğe ve istikrar arayışına tez elden ulaşılabilecekti.

Sokakların uğultusu tuttuğunda kalbim ne yapacağını şaşırıyor. Kenarın siyasette belirleyici bir rol oynamasına, gecekondu oylarının kentsoylu beyefendileri uykularından etmesine seviniyorum. Ama sokakların kolayca kontrolden çıkabilmesi beni ürkütüyor. Gettoların şehirle barışması gerektiğini düşünüyorum.

Şehrin, banliyö trenleri ve salaş minibüslerle her gün onun sinesine koşan, onda rızık ve şefkat arayan uzak evlatlarını bağrına basması gerekiyor. Şehrin merhamet ve basiret sahibi idarecilere ihtiyacı var. Sokakların uğultusu kulakları sağır eden bir çığlığa dönüşmeden, gözyaşı ve kan, acılı ülke Türkiye'de yeniden işbaşına geçmeden, ihtiyacımız var buna.

OTOYOL KOVBOYLARI

İstanbul'da her gün trafiğe çıkan yüzlerce araç ve yetersiz altyapı, her sabah Boğaziçi Köprüsü'nde bir trafik buhranı meydana getirir. Tıkanan trafik akışının intikamı, her sabah ve her akşam, memleketi yönetenlere galiz küfürler savrularak alınır. Artık İstanbul'da yaşanılamayacağına dair önermeler üretilir, bunun türlü gerekçeleri sıralanır, ama sıkışıklık bitti mi, değme küfürler de, başını alıp bu şehirden gitme projeleri de unutuluverir. Bu şehre pek eskiden gelmiş olanlar, derin bir iç çekip o eski güzel İstanbul'u anlatmaktan geri durmazlar.

Kim ne derse desin, halkımız mucit bir halktır. Kimsenin, hiçbir milletin aklına gelmeyecek cinlikleri tuhaf bir önseziyle kavrar ve uygular. Bu icat ve keşif ruhunun hep kötüye kullanıldığı, yasalardaki boşluklardan çıkar sağlama gibi süfli amaçlar uğruna heder edildiği tartışılagelmiştir. Bu icat ruhu şimdilerde iyiden iyiye tıkanan köprü trafiğinden de yeni bir sektör üretmekte gecikmedi. O sıkışmış trafikte, taşıtlar denizinin ortasında gezinerek çiçek, badem, piyango, simit ve su satan seyyarlar, dünyanın en gerçeküstü işlerinden birini yapıyor olmalıdırlar. Değip geçen taşıtlara aldırmadan bir işaretin peşisıra seyirtirler. Acıkmış bir mide, piyangoda milyar umudu, yahut sevgiliye sunulacak bir demet karanfil, otoyol kovboylarının ilacı olacaktır.

Otoyol kovboyları bu şehrin denizlerinde yüzüldüğü günleri bilmezler. Göksu'daki sandal sefalarını hiç işitmemişlerdir bile. Hatırladıkları, bir rüzgârın onları üşütüp bu büyük şehre savurduğudur. Onlar için serinlik bu şehrin mazisinde değil, bırakıp geldikleri köyü sulayan ırmaktadır. Bedenlerinin o ırmakla buluşmasından kalan hazzı, egzoz dumanları vücutlarına bir baygınlık verir gibi olduğunda, sakladıkları yerden çıkarırlar. Onu okşar, onu sever, onu usul usul yorgun gövdelerine zerk ederler.

Evet, otoyol üzerinde canlı bir sektör kurmak herhalde yalnız bizim ülkemizin insanına has bir özelliktir. Onlar insansız otoyolları, insansız teknolojiyi hizaya getirir ve ancak fakirlerin sahip olabileceği bir masumiyetle, buraları kurtarılmış bölgeler olmaktan çıkarırlar. Yeryüzü insanın ayak basması içindir ve çitlerle ayrılmış, asfaltlanmış bu yollar bundan istisna tutulamazlar.

Otoyol kovboyları iç bayıcı egzoz kokuları arasında sattıkları çiçeğin kokusunu duymazlar. Olsa olsa kendi yalnızlıklarının kokusunu duyarlar. Bir de herhalde Mercedes'lerin içindeki o güzel kızlara sevdalanırlar.

Belki de her sabah görmek için can attıkları bir yüz vardır.

Biriktirecekleri üç-beş kuruş içlerinde dönüp duran o özlemi gerçekleştirecek ve bir gün kendi taşıtlarının içinde badem yeme zevkini tadabilecekler midir? Bu bilinmez.

Ama bilinir ki, otoyollar onların gövdesini serinletmez ve kovboylar her yerde yalnızdır.

GÜNEŞİN ALTINDA

Söylenmemiş hiçbir şey yoktur. Halbuki biz insanlar tuhaf bir beklentiyle yaşarız hayatlarımızı. Sanki biz hiç ölmeyeceğiz ve her gün yeni bir şeyler duyup yepyeni yaşantılara kucak açacağız. Kişisel tarihimizi yapan onlarca ayrıntıyı ne kadar da kolay çıkarıveririz gözden. Sanki onları yaşayan biz değilizdir, hayatımızın farklı evrelerinde farklı insanlar yaşamıştır. Aslolan şimdiki zamandır. İnsanın bu dünyadaki varoluşunu tanımlarken, trajik unutkanlığını da hesaba katmak gerekiyor.

Unutmak bizi her şeyin geçici olduğu hissinden koruyor. Sanki biz her an yeryüzüyle yeni tanışıyoruzdur, dolayısıyla hiçbir şeyi arkada bırakmış sayılmayız. Unutmak insanın hayatından bilgece bir ders çıkarmasının önüne geçer, onun hayatını rastgele bir araya gelmiş yaşantılar yumağından ibaret kılar.

İnsan, hayatını ne kadar "hızlı" yaşarsa, kendisini geçmişine bağlayan ilmikleri o kadar kolay söker atar.

Hızlı yaşamak modern dünyanın ritmine ayak uydurmak demektir. Çoğumuz işlerimize belirli saatlerde ve çoğunlukla motorlu taşıtları kullanarak gideriz. Gözlerimizin gördüğü dünya bize sürekli değişen görüntüler sunar. Görüntüler adeta akar ve bu akış içerisinde biz daima bir şeylere geç kaldığımız yahut yetişemeyeceğimiz hissine kapılırız. Modern dünyanın kandırmacası da budur işte: Her şeye yetişmek isterken hiçbir şeye yetişememek, her şeye sahip olmak isterken aslında hiçbir şeye sahip olmamak...

Geçtiğimiz yıllarda İstanbul Film Festivali'nde *Baraka* adlı bir film izlemiştim. Sözcük, bizim bildiğimiz "bereket" sözcüğünün karşılığı olarak filme isim olmuştu. Beş yılda dünyanın çok çeşitli yörelerinde çekilmiş olan bu filmde konuşma yoktu. İlk yarıda ibadetgâhlarda geziyor ve insanın esenlik arayışına tanık oluyor, ikinci yarıda insanın hem kendisine hem de tabiata verdiği zarar ziyanı görüyorduk. Film, benim anladığım kadarıyla, izleyenleri modern hayat tarzını sorgulamaya ve dinlerin sunduğu esenliğe yönelmeye çağırıyordu. Yönetmenin bir buluşu doğrusu oldukça etkileyiciydi: Kalabalık bir kavşakta ya da bir metro istasyonunda insanlar telaş içinde oraya buraya koşuştururlarken birden görüntüler hızlandırılıyor, o koşturmacaları daha hızlı biçimlerde izlemek insanda bir karınca sürüsünü gözlediği hissini uyandırıyordu. Hız arttıkça koşturmacalar anlamsızlaşıyor, kişileri iradesinden soyarak bir sürüye malediyordu.

Gündelik hayatımızı bir film şeridi gibi geriye sarma ya da hızlandırma şansımız yok. Ama büsbütün de talihsiz değiliz. Hız kesip kulvarın dışına çıkmak ya da hatırlamak her zaman mümkün.

Asri zamanlar insanı tarihsizleştirdi. İnsan belleği hiçbir zamanda olmadığı kadar unutuşla sakatlandı. Dirilerin ölülerle birlikte yaşadığı şehirler zaman şuurundan ve gönül coğrafyalarından silindi. Müslüman saati tekledi.

Derken Ramazan geldi. Ölüm denen o eşsiz ülkeye bir gün bizim de ayak basacağımız hakikati içimizde kımıldadı. Saatler Müslüman saatine ayarlandı. Bellekler tazelendi, bedenlerimizin görüntülere ayarlı hızı kesildi. Hatırlayışın ruha sevinç ve saadet yayan esintisi inanan insanları bir rahmet rüzgârı halinde sardı. Unutuş, bir aylığına bile olsa, penceresini kapattı.

YAŞANTININ ŞİİRİ

Sosyolojiden pek hazzetmem. Bana öyle gelir ki, sosyoloji günlük hayatın içinde aslında kolaylıkla algılanabilecek şeyleri daha zor ve çetrefilli bir dile tercüme etmekle marifet gösterir. Sıradan bir bilgiyle kavrayabileceğimiz ve anlam dünyamızda onlara yer açmakta zorlanmayacağımız olaylar, sosyolojinin işleminden geçtikten sonra ayrı bir statü kazanırlar. Artık onlar herkesin kolaylıkla kavrayabileceği olaylar olmaktan çıkmış ve avama kapalı bir dilde yeniden formüle edilmişlerdir. Günlük hayatın herkesin içinde bir karşılık bulabilen bilgisi mahiyet değiştirmiş ve ancak o kapalı dille aşinalığı olanların ulaşabileceği bir hakikate dönüşmüştür.

Dahası, sosyoloji bize sıradan ve basit olarak algıladığımız şeylerin aslında öyle olmadığını söyler. Her olayın teşekkülünde onlarca toplumsal belirleyen vardır ve bizim hür irademizle yapıyor göründüğümüz şey belki de şartların terkibinin bizi zorladığı şeyin ta kendisidir. Oysa, bu satırların yazarına göre, hayat özü itibarıyla basittir ve sıradan şeylerin arkasında bulduğumuz anlamlar sıklıkla bizim kendi entelektüel kuruntularımızdır.

Son yıllarda bir sosyoloji terimi gündelik hayatımızda hayli sık karşımıza çıkar oldu: Modernizm. Bu terime bu kadar aşinalık kesbetmemiz, ülkemizin yaşadığı tarihsel tecrübeden çok, zihinlerimizin sosyolojik düşünme biçimlerine alışmasıyla açıklanabilir mi bilmiyorum. Bu sözcüğün kimi yazarların elinde hızlı bir anlam boşalmasına uğradığını düşünüyorum. Öyle ki, tüm kötülüklerin kaynağında onu görüyor, iyi olan ne varsa zıddı değerlerin temsilcisi olarak bu sözcüğü gösteriyor ve böylece bir sözcükten mücessem bir düşman yaratıyoruz. Bu işlemle sosyolojik bir terime, bir metafora, hatta giderek bir küfüre dönüşüyor. Sevmediğimiz insanlara modernist dediğimiz zaman kastımızın aslında ne olduğu kolaylıkla anlaşılabiliyor.

Artık, yıpranmış sözcüklerin ve tedavülden kaldırmayı düşündüğümüz alışkanlıkların yerini yenilerine terk edebiliriz. Her taşın altında siyonistlerin olduğu önermesinin yerine daha bilimsel bir yaklaşımı yerleştirebiliriz, başımıza türlü afetlerin bu modernizm illeti yüzünden geldiğini rahat rahat ifade edebiliriz. Ama tongaya düşeriz. Tongaya düşeriz, çünkü modernlik ahlakına boğazımıza kadar batmışız. Menfaatlerimizin temininde bu ahlaka sıkı sıkıya bağlıyız, onun bize dayattığı rasyonelliği hasbiliğe çoğu zaman tercih ediyoruz.

Bilinen önermeyi tersine çevirerek okumaya görünürde kimsenin itirazı yok: Modernliğin ahlakını alalım, gerisi kalsın. Biz eleştirdiğimiz şeyin ahlakıyla ahlaklanınca, dünyamızda bir zamanlar yer işgal eden sözcükler de anlam kaybına uğruyor.

Geçenlerde bir dostum "ehl-i dünya" tabirini kullanınca irkildim. Uzun zamandır işitmediğim bu tabir bana artık bir şey ifade etmiyordu. Çünkü tanıdığım insanlar arasında bu tabiri hak etmeyecekler doğrusu çok azdı. Bu sözcükle özel bir insan grubuna atıfta bulunmak neredeyse imkânsız görünüyordu. Buradan "onun ahlakıyla malul olduğumuza göre modernizmi eleştirmeyelim" yolunda bir anlam çıkarmadıysanız, anlaşıyoruz demektir ve ben dilimin altındaki baklayı çıkarabilirim: Sorunumuz bir ahlak sorunudur. Kurumlarla, iktidar aygıtlarıyla, etrafımızdaki insanlarla kurduğumuz ilişkileri hangi ölçütlere göre bina ettiğimizdir sorun. Modernizmin "avantajlar dünyası"nda söz konusu avantajlardan ne ölçüde yararlandığımız ve ne ölçüde feragat edebildiğimizdir. Konuştuğumuz ve yazdığımız sözcüklerin ruhudur.

Sorun ahlak sorunudur. Çünkü kutsal olan ne varsa dünyevileşiyor. Hilm, tevazu ve sadakat gibi duygu ve tutumlar modern ahlakın ortasında tuzla buz oluyor. Fazilet hayatlarımızdan çekiliyor. Entelekt yaşantının önüne geçiyor. Ve biz bu dünyadaki varoluşumuzu bir futbol takımına taraftar olmanın hafifliğinde yaşıyoruz. Modernizmden en çok bahsedenlerimiz onun kurallarına en çabuk uyum sağlayanlarımız oluyor. Kendimize soru sormuyoruz, bütün derdimiz karşı kaleye gol atmak ve "gool" diye bağırabilmek, kazanan tarafta olmanın hazzını tadabilmek.

Sorun ahlak sorunudur, çünkü aramızdan fazilet sahibi insanları uzaklaştırıyor veya onları görmezden geliyoruz. Bize taraftarlık duygusunu en iyi yaşatanları baş tacı ediyoruz.

Bize, sihirli sözcükler fısıldayan insanlar değil, fazilet sahibi önderler gerek. Bu dünyadaki varoluşumuzu sözcüklerin sihrine tutunmadan da gerçekleştirebiliriz. Kaybettiğimiz ahlakı, yaşantının şiirine kulak kesilerek bulabiliriz...

KIYILARIMIZDAN ÇEKİLEN EDEBİYAT

Bir ağıt, bir şikâyet dalgası tutturmuş gidiyor: Okumuyoruz, yazılı kültür ölüyor!

Bu, bizim coğrafyamıza özgü bir yakınma değil yalnızca. Amerikalı romancı Norman Mailer da, çok değil elli yıl sonra, "best-seller"ları bilgisayarların yazacağını söylüyor. Mailer'a kalırsa, yazının geri çekilmesinde en büyük pay sahibi televizyon. Özel TV kanallarının pıtırak gibi çoğaldığı ülkemizde Mailer'ın tespiti daha bir anlam kazanıyor. Pespaye eğlence programlarının, uyuşturucu dizi filmlerin arasında insanı düşünmeye ve öğrenmeye yönlendirecek kültür içerikli program sayısı yok denecek düzeyde. Televizyonun, izleyenini zihinsel olarak yormayan, onu eğlendiren doğası günümüzün yorgun insanını daha çok çekiyor.

Ama TV kanallarındaki bu çeşitlenme çok yakın bir tarihe denk düşüyor. Daha önce kitap okuyor muyduk?

Kitap okuma uğraşı önceki yıllarda da toplumsal bir uğraşımız değildi. Ancak daha geniş bir okur kesimi olduğundan söz edilebilir. Öğrenciler, memurlar ve politikaya ilgi duyan, toplumun dönüştürülmesiyle ilgili tasarımları bulunan insanlar söz konusu "okur insan" diliminin önemli bir bölümünü oluşturuyorlardı. Lise yıllarında, bir Anadolu şehrinde, müdavimi olduğum bir kitabevinde yapılan tartışmaları hatırlıyorum. İnsanlar okuyor ve okuduklarını karşılıklı aktararak yeniden üretiyorlardı. Okumak hayatın dışına itilmiş bir uğraş değildi. Önce günlük siyasetin fırtınası kitap yapraklarını savurdu o şehirde: İran devrimi, Afgan cihadı olup biterken "kâfirlerin" kitaplarını okumak ihanet sayılır oldu. Dostoyevski ciltleri kitaplıklardan indirildi. İnsanların konuştuğu dil daraldı ve yinelemeler, artık okumayıp yalnız konuşan bu insanları giderek bir bıkkınlığa götürdü. Sonra maişet dertleri başladı. O dertler kitap sayfalarını daha da uzaklara taşıdı. Sözlerin yinelenmesi ve hayatların yinelenmesi. Eskinin okurları, o batık hazineden içlerinde yaşadıkları dünyayı açıklayacak birkaç formül kurtardılar. O formüller işlerliğini yitirince soru sormamanın daha iyi olacağını düşündüler. Hayaller yitirildi.

Günümüzde her şeyin sentetiği yapılabildiği gibi hayallerin de sentetiği üretilebiliyor. Televizyon, bir hayal üretme cihazı olarak, yitirilmiş sahici hayallerin yerine sentetiklerini koydu. Artık edebiyat kıyılarımızdan çekilebilirdi. Rikkat ve incelik hayatlardan kaybolunca şiire zaten tutunacak bir kıyı kalmıyordu. Evlerine konuk gelmesin diye bayram günlerinde tatil yörelerine kaçan insanlar, neden zihinlerine bir romandan, yabancı bir kişiyi buyur etsinlerdi?

Bu satırların yazarını endişelendiren, toplumumuzun okumaya bir ilgi duymaması değil. Nihayet, okumadan da şeyler hakkında bir bilgiye ulaşılabilir. Halk hikâyeleri, türküler, yaşantıların sözel aktarımı gibi kanallar ile insanlar bu hayatta ayakta kalmalarını sağlayacak bilgiyi derebilirler. Ve nihayet, ekseriyetin doğasında yüzeysel olana bir temayül vardır. Asıl endişe verici olan, bir şiirin, bir öykünün kanatlarında yolculuklara çıkabilen o "üç-beş kişi"nin yitirilmesidir. Bu ülkede edebiyat dergilerinin satışı binli rakamlardadır ve bu çok da yazıklanılacak bir şey değildir. Ama o bin okur okuduğu şeye tepki vermiyor, onu tüketip atıyorsa bir sorundan söz edilebilir.

Edebiyat, hayallerine sadakatini yitirmemiş ve inanmış insanların uğraşıdır. Hayallerimizi yitirmek istemiyorsak, safları sıklaştırmak zorundayız. Okur ve yazar, yani o "üç-beş kişi" birbirinin soluğunu hissedebilmeli. "Ben yaşıyorum. Ya sen?" diyebilmeliyiz birbirimize.

Matаramızdaki su hep azdı dostum. Herkes bir yudum içerse yeter bu su bize. Ne de olsa hayallerimiz koca bir deniz.

BİLİME KARŞI ŞİİR

Eskaza konuşmacı olarak katıldığım "Arabesk Duyarlık ve Şiir" başlıklı bir oturumda kendisini sol siyaset içinde tanımlayan bir şair, dilinin altındaki baklayı çıkarmış ve aforizmasını ileri sürmüştü: "Bilimsel dünya görüşüne dayanmayan şiir çürümeye ve yok olmaya mahkûmdur."

Bilim dininin müminleri otistik/mistik dünyalarında sürdüregeldikleri indirgemeci tavrı hayatın tüm alanlarına yaymaktan rahatsız görünmüyorlardı. Şiir de sonunda bu mistik aşırılıktan payını alıyordu. Bu basit slogan bir el çabukluğuyla şiiri bilimin hizmetine sokuveriyor ve insanın aşkın duyarlılığını akli melekelerinin güdümüne veriyor, onu indirgiyordu.

Bu hastalıklı tavır, bilimci zihniyetin süfli olandan üstün olanı elde etmeye çalışan ve bilgi hiyerarşisinde en üst sıraya akli bilgiyi yerleştirirken metafizik bilgiyi görmezden gelen genel tavrının bir uzantısıdır.

Guénon'u izlersek: "Batı bilimi kendisini aşan her şeye mutlak surette bigâne kalmakta, dahası, bilmediği her şeyi inkâr etmektedir. Çünkü cehaletini gizlemenin tek yolu budur. Metafiziksel bilginin kökten yokluğu, bilimsel olmayan her çeşit bilginin inkârı, modern düşüncenin genel özellikleridir."* Oysa, "Sanat dünyaya karşı tabii bir muhalefet içindedir ve hatta psikolojisi, biyolojisi ve Darwin'i ile tüm bilime karşıdır. Bu esas itibariyle, dini bir muhalefettir. Din, ahlak ve sanat, daha yaratılış fiili ile zuhur eden aynı şecerenin dallarıdır."**

Sözünü ettiğimiz el çabukluğunun farkında olanlar bilirler ki, bilimle şiirin bir kesişim kümesi yoktur. Bilim ve şiir hayatın farklı alanlarına tekabül ederler. Bilim yüzlerce insan etkinliğinden yalnızca bir tanesidir ve insanın hakikate ulaşabilme yollarındandır. Şiir de, sanatın diğer görünümleri gibi, hakikati yakalamak için insana kılavuzluk eden insani etkinliklerden birisidir. Bilim maddeyi uğraş alanı olarak seçerken, şiir -ve genelde sanat- insana dönük bir etkinliktir. İnsana ve onun kişiliğine yönelik bir uğraşıdır. Bilim, İzzetbegoviç'in de söylediği gibi, "hayata ve insana dönük olduğu zaman bile, bunlarda ancak cansız ve gayrişahsi ne varsa onu bulur."***

18. yüzyıl İngiltere'sinde bilim-edebiyat ikileminde ibre, şairler düzleminde bile bilimden yanadır. "Bir ta-

* Réne Guénon, *Doğu ve Batı*, Yeryüzü Yayınları, çev. F. Aslan.

** Aliya İzzetbegoviç, *Doğu ve Batı Arasında İslam*, Nehir Yayınları, çev. S. Şaban.

*** a.g.e.

rafta karşı konmaz bir Newton felsefesi, diğer tarafta insan zihnini psikolojik süreçlerin mekaniği olarak açıklayan bilime karşı muhayyilenin poetik özgürlüğünü savunma ihtiyacı vardır."* Hıristiyan ahlak geleneğine sıkıca bağlı şair Alexander Pope bile "ilerleme" fikrine yürekten iman etmiştir: "Doğa ve yasaları, karanlığındaydı gecenin / Tanrı buyurdu: Newton olsun! Ve aydınlandı her şey."

Bilimin hükümranlığını hayatın bütün alanlarına yaymak, modern çağların bir anomalisi olarak karşımıza çıkıyor. Modern söylem ideolojileri "bilimsel" etiketiyle pazarlamakla yetinmiyor, insani etkinliklerin hemen tümünde bilimselliğin bulunmasını onların sahiciliklerinin *sine qua non*'u, olmazsa olmazı sayıyor.

20. yüzyıla doğru bilim-edebiyat çatışmasında cephe sayısı çoğalıyor, modern bilimin mütecaviz tavrına karşı başta şairler olmak üzere edebiyat adamları seslerini yükseltiyorlar. T. S. Eliot 1920'lerde yazdığı "Çorak Ülke" adlı anıt şiiriyle Batı uygarlığını sigaya çekiyor.** Şiirin insanı öne çıkaran, insana dönük bir uğraşı olması nedeniyle bilimsel ve teknolojik "ilerleme"nin insan üzerindeki olumsuz izdüşümlerini haykırmak da şairlere düşüyor. Çünkü şairler toplumun duyargaları hassas olan bireyleridir ve insani olanı ezip yok eden bu "ilerleme" çılgınlığına karşı duracak bir direniş hareketini de onlar tutuşturacaklardır. Yukarıda da belir-

* İlhan Kutluer, "Sanayi Devriminin Thames Sularında Vaftizi" *Yönelişler* dergisi, sayı 37, Ocak 1985.

** T.S. Eliot, *Çorak Ülke* (Wasteland), Binbirdirek Yayınları, çev. Yüksel Peker.

tildiği gibi, sanatsal muhalefet özü itibarıyla dini bir muhalefettir ve bu bize bilim-edebiyat çatışmasının neden sonra bilim-din çatışmasına dönüştürüldüğünü açıklar.

Modern bilimin metafiziği, aşkın bilgiyi dışladığını söylemiştik. Bir madde ve sayı bilimidir modern bilim. Alabildiğine çoğaltılmış tahlillere rağmen, terkip yeteneğinden mahrumdur. Uzmanlık dallarının artmasıyla gelen "uzman körlüğü" bütünle bir rabıta kurma imkânını ortadan kaldırır. Metafiziğin bilgi hiyerarşisindeki üstün konumunu görmezden gelen bilim, böylece kendisini terkibe götürecek ilkelerden mahrum kalmakta ve insana hakikat adına söyleyecek bir şeyi olmamaktadır. Bu "zihnî miyopluk" propaganda ve avamlaştırma (vulgarizasyon) ile modern zamanların en büyük söylencesine dönüştürülürken, Büyük Sessiz Çoğunluk kurban edilir. Bu noktada Guénon avamlaştırılmış kaynak ve kitaplardan alınan bilgilerle yapılan bir öğretimin vereceği yarım bilginin tam bir cehaletten çok daha zararlı olduğunu söylerken, Abdülkadir es-Sufî şöyle der: "Bilimsel bir tez ile bu tezin halka aşılanması arasında ters bir boşluk, bir ayrım vardır. Bu şudur: Bilimadamları çalışmalarının masalsı temelini memnunlukla kabul ederken, yığın eğitiminden geçmiş öğrenciler ve avam, bilimin otoritesi, kaba basitleştirmeleri, bilgiç kuralları, bugünün tedavisini yarının kanser nedeni olarak sunan kararsız tıbbı altında kıvranmaktadır."* Kıvranan ve kurban edilen insanın

* Abdülkadir es-Sufî, *Âyetlerden İşaretler*, Yeryüzü Yayınları, çev. A. Kot.

sözcülüğünü kim üstlenecektir öyleyse? Şiir, kuşkusuz.

Şiir, manayı ezerken maddeyi alabildiğine abartan modern bilimin karşısına mananın bir çığlığı olarak çıkmaktadır. Giderek çoraklaşan insan ruhunun bir diriliş özlemi olarak. Şiir aşkın bilgiyle, metafizikle sürekli bir rabıta halindedir. (Bu noktada, metafizik muhasebeden mahrum bir şiiri oldukça yoksul bulduğumuzu belirtmemiz gerekiyor.) Biliminsanın ölüm karşısındaki endişesini, yalnızlığını, onun iç burkuntularını deşmekten, ona tercüman olmaktan ve onun düşgücünü tutuşturmaktan acizdir. Daha önce sözünü ettiğimiz hakikate ulaştırma bilgisi değildir modern bilim.

Şiir, modern bilimin aksine, avamlaştırılamaz. Her türlü avamlaştırma gayreti onun doğasını bozacak ve ortada şiir diye bir şey kalmayacaktır. "Şaire göre, ortalama insan mevcut değildir. Böyle bir şey yalandır, uydurmadır. Şair için ancak müşahhas insan, muayyen şahsiyet vardır."* İnsanı istatistiksel bir özneye dönüştüren modern bilimin aksine, şiir insana "zübde-i âlem" olduğunu söyler. Şiir, şairin gayb ile olan etkileşiminden doğabilir. İlhamın "bir melek kanadının kalbe değip geçişi" olmadığını kim bilebilir? Modern bilime göre ise gayb yoktur, çünkü fiziksel duyumların ötesindedir gayb.

Şiir insana hakikat adına bir ipucu verebilir, hakikate giden yolu açabilir ona; modern bilim ise tek hakikat olarak kendisini vazeder. Şiir nasıl akli meleke-

---

* Aliya İzzetbegoviç, a.g.e.

lerin güdümüne veriliyorsa, muhayyile de "nesnel" bir mercek altında ameliyat masasına yatırılır. Şiir insanı özgürleştirirken modern bilim tutkularına köle kılar. Şu halde, yazının başındaki aforizmayı tersine çevirmek gerekiyor: "Bilimsel dünya görüşüne dayanan şiir çürümeye ve yok olmaya mahkûmdur."

Evet; maddeye karşı mânâ, çorak ülkeye karşı özülke, bilime karşı şiir!

Bölüm 4

TÜRKİYE İÇİNİ DÖKÜYOR

"BANA BAYILIYORUM!"

Bugünlerde, âşıksanız, bir mega aşk yaşıyor olmalısınız. Sanırız en sevdiğiniz TV programları "süper" veya "mega" bir programdır. Hipermarketten alışveriş yapıp eve döndüğünüzde onlarca kanalın arasından Radyo Mega veya Süper FM'i bulur ve yorgunluk atarsınız. Ola ki, radyoda "Süper Babaanne" adlı parça çalıyordur. Türkiye'nin bir numarası olduğunu söyleyen gazetenizden o günlerde bir "mega show"un başladığını öğrenirsiniz. Türkiye'nin en birinci kanalı olduğunu söyleyen TV kanalınızdan süperstarların video kliplerini izlerken, "Vovv" dersiniz "Süper değil, ultra... Hatta mega!"

Rivayet olunur ki, Narcissus bir gün dere tepe gezerken susamış. Bir su birikintisi bulup da içmek için eğilince ne görsün! Suda güzel mi güzel bir yüz kendisine bakıyormuş. Narcissus o güzel yüze âşık olmuş. Ama aslında gördüğü yüz kendi yüzünün sudaki yansımasıymış. Ve aradan uzun zaman geçmiş. Günlerden bir gün, Sigmund Freud diye bir doktor çıkmış ve ferman buyurmuş: "Kim ki bundan sonra kendisine sevdalana, ona Narcissus'un takipçisi dene!" O gün bugündür, kendisini pek sevenlere "narsist" denilir olmuş.

Süper, hiper, ultra, mega... Bu sözcüklerin hepsi bir büyüklük, bir üstünlük ifade ediyor. Dilimize son yıllarda iyiden iyiye yerleşen bu sözcükler hangi toplumsal yaramıza denk düşüyor peki? Buna verilecek ilk cevap, herhalde, milletçe böbürlenmeye pek meraklı olduğumuzdur. Kendimizi dev aynasında görmek nedense pek hoşumuza gider. Andığımız ithal sözcükleri belki de bu yüzden bu kadar kolay benimseyebildik. Okuduğumuz, seyrettiğimiz, dinlediğimiz şeylerin "mega" olması bizim de seçilmiş ve üstün birisi olduğumuzu hissettiriyor olmalı. Bu yalnızca bireylerin hissettiği bir duygu olarak da kalmıyor. "Adriyatik'ten Çin Seddi'ne" ve benzeri şişinmelerle, neredeyse hepimiz, Türkiye'nin evrenin merkezi olduğunda hemfikiriz. Aslında devletimiz pek güçlü de, çekemeyenler var. Aslında biz her şeyi yapabilecek güçteyiz de... Hem zaten en güzel veya en yakışıklı başbakan bizde, üstelik koskoca ABD başkanı onu kıskanıyor.

Bütün bunlar kendimizi biraz daha iyi hissetmek için uydurduğumuz yalanlar mı? Ekonomik buhranlar içinde çırpınan Türkiye toplumu, mutsuzluğa karşı koymak için kendisini haşhaşa mı alıştırıyor? Daha çok mutsuzluk, daha çok yalan...

Bu kadarla kalsa yine iyiydi. Asıl sorun daha derinlerde gözüküyor. Kasılan, şişinen, böbürlenen Türkiye, kendi yansımasına sevdalanan Narcissus'u andırıyor. Türkiye hastalıklı bir narsisizmin kucağında: Aynalardan, güzelliğini onaylamasını bekliyor.

Psikiyatri uzmanları narsisizmi ikiye ayırıyorlar: Sağlıklı ve hastalıklı. Sağlıklı narsisizm denilince, bireyin kendisini sevmesinin gerçekle mütekabiliyet taşıdığı, onun başka insanlarla olan ilişkisini aksatmadığı bir durum kastediliyor. Oysa hastalıklı narsisizmde kişi eleştiriye açık değildir, bütün ilgisi kendisine dönük olduğu için diğer insanlara pek az teveccüh gösterir, pohpohlanmadığı zaman küskün ve kavgalıdır. En önemlisi de, kendisine âşık olanlar, aslında kendilerini hiç sevmeyen kimselerdir. Derinlerde yatan bir aşağılık ve değersizlik duygusu vardır. Bu duyguyla baş etmek için onun tam tersi bir duygu geliştirerek benliklerini korurlar.

Uluslararası futbol karşılaşmalarında alınan başarılar eğer bir milli karnavala dönüşüyor, haftalarca böbürlenmekten kendimizi alamıyorsak, herhalde bunun nedeni derinlerde yatan o değersizlik ve aşağılık duygusu olmalıdır.

En birinci kanal benim kanalım. En lider gazeteyi ben okuyorum. En süper şarkıcıyı ben dinliyorum. Çünkü ben de en iyiyim.

Ama yok... O kadar da iyi değilim. Belki de hiç iyi değilim. Türkiye vatandaşıyım. Galiba o da kendisini pek iyi hissetmiyor.

ŞİDDETİN PSİKODİNAMİĞİ

John Berger bir Sirkeci-Harem vapurunda insanlara ilişkin izlenimlerinden yüzyılların birikimini toparlamaya çalışır. "Boğaz'da" başlıklı yazısında şunları yazmaktadır: "Sağdan gelsin, soldan gelsin, terörün patlaması, daha önce yapılmayan sayısız girişimin şiddetiyle beslenir. Bu tür patlamalar, verilip de tutulmayan sözlerle ucu ucuna bir dengede tutulan eylemsizliğin için için mayalanması sonucunda ortaya çıkar."

İnsanoğlu, içinde belirli belirsiz bir şiddet duygusu taşır. Bu duygu kimi zaman bizi saran olumsuz koşullarla mücadele etmemize imkân sağlar ve hayat denilen geniş meydan muharebesinde ayaklarımızın üzerinde durabilmemize yardımcı olur. Çünkü dünyaya gelmek, İsmet Özel'in söylediği gibi, bir saldırıya uğramaktır. İçimizdeki saldırganlık duygusuyla -Freud buna ölüm içgüdüsü diyor- başarılı bir insan olur yahut bağımsızlığımızı temin edebiliriz. Çocuk, ebeveynine başkaldırırken saldırgandır ancak aynı zamanda kendi yetişmesinin değerli ve elzem bir parçası olan bağımsızlığı yolunda bir adım atmaktadır. Günlük dilde de, kimi zaman, bu saldırganlığın izlerini görmek mümkün olur: Sorunlara hücum eder, onlarla mücadele eder, boğuşur, onları yenilgiye uğratırız.

İnsanı "zalim" dünyada ayaklarının üstünde tutan bu duygu, onu kendi türünü yeryüzünden silmeye götürecek bir çılgınlık boyutuna da varabilir. Dünya tarihi ölçüsüz şiddet gösterileriyle doludur. Günümüzde ise, saldırganlık uluslar planında, daha çok komşuluk ilişkilerindeki kusurlardan ortaya çıkmakta. İnsan bazen ulusların da bireysel dinamiklere hayli benzeş dinamiklerle davrandığını görmekten şaşkınlığa düşüyor. Biz insanlar, diğerleri bizim bahçemize girmedikçe, saldırganlık dürtülerimizi baskılamaya eğilimliyizdir. Ama bir görüntü, bir duyum, bir hareket bize kendi bahçemizin tehdit altında olduğunu hissettirirse, hemen dişlerimizi gösteririz. Güvenlik alanımıza dönük böyle bir tehdit (bu alan ailemiz, işimiz, dünya görüşümüz olabilir) kaygı düzeyimizi artırır ve bu kaygıyla baş etmek için ya kaçar ya da savaşırız.

Artık sadede gelebilirim.

Gazeteci Uğur Mumcu'nun öldürülmesinden sonra oluşan tepkiler, bana toplumumuzda için için bir şiddetin mayalandığını düşündürüyor. Cenaze töreninde "Kahrolsun!" diye bağıran kalabalık, dizginlerinden bir boşalsa ortalığı birbirine katacak bir şiddetin varlığını duyuruyor. Zaten hep yazıldığı ve söylendiği gibi, bu olayda birileri var ve onlar halkın içindeki bu şiddet duygusunu kışkırtmak istiyorlar. Onlara kendi bahçelerinin tehdit altında olduğu hissini aşılıyorlar. Ve tuhaf bir biçimde, insan tekinin kendi iç çatışmalarını hafifletmek için kullandığı bir savunma mekanizması olan yansıtma, burada devreye giriyor ve toplumsal bir içerik ediniyor. Kim ki totaliter bir ideolojiye, tepeden inmeci ve baskıcı bir devlet aygıtına sırtını yaslamıştır, o yansıtıyor: "Sizi gidi filanlar sizi, gelince kesecek-siniz değil mi?"

Sivil toplumun yanında yer alanların da hedef tahtasına oturtulan bu kesimlerden yana korkuları olabilir, bu korkuların bir kısmı haklı nedenlere dayanabilir ancak onların korkuları resmi ideolojiye iman edenlerinki gibi paranoid hezeyan düzeyine varmıyor.

Yansıtma gibi toplumsal zemin bulan bir başka mekanizma ise bana kalırsa, yansıtmalı özdeşim (projektif identifikasyon) dediğimiz mekanizma. Nedir peki bu yansıtmalı özdeşim?

Kişi kendi benliğinde hoşlanmadığı şeyleri karşısındakine yansıtır. Sonra karşısındaki kişiyi aslında kendi benliğine ait olan o kötü unsurlarla tanır ve tanımlar. Bu arada kötü benliğin yansıtıldığı kişinin de kendisini kötü hissetmesi sağlanır. Yansıtır, ve yansıttığı kişiyle özdeşleşir.

Sanırım biraz kafanız karıştı. Narsistik (özsever) bir savunma mekanizması olarak kabul edilen projektif identifikasyon konusunda alanın uzmanları bile bir görüş ve tanım birliğine varabilmiş değiller. Kimisi bunun mutlaka bir savunma mekanizması olmayabileceğini, bir iletişim biçimi olarak da kullanılabileceğini söylüyor.

Biraz açıklayıcı olması için bir misal verelim: Bir koca, benliğindeki kırılgan tarafları karısına yansıtıyor. Karısını artık bu özelliklerle rahatça tanıyabilir; çünkü onun bu özellikleri ona aittir ve kendisini rahatsız etmesi gerekmez. Dahası, karısının zayıflığı onun gücünü pekiştirir. Eğer karısı da bu yansıtmalara uygun davranırsa, her biri kendi cinsinin tipik rolüne sıkı sıkıya yapışır.

Konuyu dağıtmadan ve mesleki lehçelere gönül kaptırmadan sadede gelirsem, söylemek istediğim şu: Türkiye'de değişik toplumsal kesimler bir süredir toplumsal düzeyde bir projektif identifikasyona maruz kalıyor yahut uğratılıyorlar. Kendilerini modernitenin taşıyıcısı olarak gören ve aslında hiç de homojen olmayan bir insan grubu (anladığım kadarıyla onları birleştiren şey statükodan yana olmaları ve değişime karşı ataleti, düşünsel çoğulculuğa karşı bir tek düşüncenin sorgusuz sualsiz iktidarını savunmaları), bu ülkede yaşayan "yerli" insanlara kendi toplumsal benliklerinin kötü, istenmeyen kısımlarını yansıtıyorlar. Kendileri totaliter bir ideolojiye yaslanmışlar, bunu görmektense muhataplarının dünya görüşünü totaliter diye nitelemek işlerine geliyor. Adı üstünde: Savunma mekanizması.

İş bunlarla da bitmiyor. Muhataplarını kendi kötü benlik unsurlarıyla tanıyor ve tanımlıyorlar. Değişime asıl karşı çıkan onlar ama karşı tarafı yobaz olarak görüyorlar. Kuşkusuz buna inanıyorlar, bunu hissediyorlar. "Siz ne zalim, ne acımasız, ne gözü dönmüş insanlarsınız siz!" Ama hayır, iş bununla da bitmiyor. Sizi öyle bir kontrol altına alıyorlar ki, bir süre sonra siz kendinize "Yahu acaba ben gerçekten öyle miyim?" diye soruyorsunuz. "Haklı olmasınlar? Yoksa ben gerçekten yobaz, kötü, zalim birisi miyim? Ben gelirsem sahiden onları kesecek miyim?" İşte bu projektif identifikasyonun nihai hamlesidir. Kötü olan ben değilim; ama kendisini kötü hisseden benim. Nasıl geldim bu tezgâha? Ne oldu?

Boşver, olan oldu. Bu işlemler zaten bilinçaltı süreçlerin bir ürünü. Toplumların da bilinçaltları olmaz mı canım? Her şey kaşla göz arasında oluveriyor. O esnada atı alan Üsküdar'ı geçiyor, İkinci Cumhuriyet tartışmaları bitiveriyor, kansız ve sessiz-sedasız bir darbe gerçekleşip değişim rüzgârlarını alıyor, götürüyor. İşbu projektif identifikasyon bilincin karanlık mahzenlerinde oluyor ya, mesele onu bilincin günışığına çıkarmakta. Farkına varırsanız, tezgâha gelmezsiniz. Siz farkına varırsanız, onlar da farkına varırlar. Onlar da farkına varırsa, al gözüm seyreyle Salih!

Sözü şiddetten aldık, nerelere geldik bakın. Önce içimizde mayalanıp duran o şiddet duygusunu ehlileştirmeli, onu dizgine vurmalıyız. Şiddete maruz kalan kişi her kim olursa olsun, onun yanında olmalıyız. Dışarıda ve içerimizde olagelen şiddete karşı durmalıyız. Ve asla tezgâha gelmemeliyiz. Kötüysek, kendimizi kandırıyorsak, bunu kendimize söyleyebilmeliyiz. Haklıysak, sonuna dek direnebilmeliyiz.

Sezai Karakoç, "İçindeki putları deviremeyen kimse dıştaki putların esiri olmaktan kurtulamaz," diyor. İçinde kabaran şiddeti söndüremeyen bir toplumda sokak kavgaları, cinayetler, terör olayları dur durak bilmez. Yapacağımız şey, farkına varmaktır; bütün sancılarına katlanmak pahasına, farkındalığı arttırmaktır.

Çünkü, farkındalığın olduğu yerde savunma mekanizmalarına yer yoktur.

ÇOCUKLARI YOK SAYAN

Ülkeyi kan götürmüyor. Sokaklarda mermi vızıltıları da yok. Toplumda bütün çabaların aksine kutuplaşmalar zemin bulmuyor. Yine de şiddetten söz ediyoruz. Bu sözcükle medya sözcüğünü sıklıkla bir arada kullanmamıza bakılırsa, bedenlerimize yönelen bir kaba güç değil bizi ürküten. Daha çok ruhlarımıza tahakküm eden kabalık bizi incitiyor. Bir serseri mayın gibi nereye vuracağı, nereyi ve kimi imha edeceği bilinmeyen bir kaba güçten yakınıyoruz. Diyoruz ki şiddete son, ekranlarda artık kan ve vahşet görmek istemiyoruz. Halbuki, şiddet ekranlardan üzerimize fışkıran kan ve cesetlerden çok daha fazlasıdır. Sarsıcı hayat olayları ve ölümler hayatlarımız üzerinde sıklıkla bir iz bırakarak geçer giderler. O iz de zamanla kabuk bağlar ve yaşadıklarımızdan öğrendiğimiz bir şeylerin arasına katılır. Hayatlarımıza karışan kan ve gözyaşını yorumlarız. Bazen onlara alışmak çok fazla zamanımızı alsa da, bunu yapabilecek gücümüz vardır. Alışır, yorumlar ve sonunda özümseriz.

Şiddet ekranlarda ya da gazete sayfalarında gördüklerimizden fazlasıdır. Onun asıl gücü vahşiliğin sergilenmesinden değil, zihinlerimizin altüst edilmesinden geliyor. Şiddet, doğru bildiğimiz şeylerin bir çırpıda (bir görüntüde mi demeliyim?) yok sayılması, ayaklar altına alınması ve sıklıkla yapıldığı üzere tarumar edilmesidir. Ekranlardan ve gazete sayfalarından bize yansıyan asıl şiddet, vahşetin sıradanlaştırılmasıdır. Bize yakın bir zamana dek tiksinti veren, midemizi kaldıran şeyler, sıradan hale getirilerek seyirlik nesneler oluverirler. Bunun gibi, insan yaşantısının mahrem alanları da dönüştürülür ve umuma açılırken yapılan şey, zihinlerimizin altüst edilişinden başka bir şey değildir. Şiddet mahremiyetin yok edilmesidir. Bize başkalarının hayatlarına kolaylıkla girme ve özel yaşantıları dikizleme hakkını verenler, sırası geldiğinde bizi de bir seyir nesnesi yapma hakkını kendilerinde bulabileceklerdir. Nihayet şiddet, insani zaafların sömürülmek istenmesidir. Cinselliğin metaya dönüştürülerek pazarlanması, tecessüs duygusunun gıdıklanması, daha çok şeye sahip olma arzusunun kamçılanması, tüm bunlar, ruhlarımızı esir alan o devasa şiddet aygıtının parçalarıdırlar. Bu yüzden şiddet, duyguların istismarıdır.

Şimdi bir örnek olay üzerinde bu yazdıklarımızı düşünebiliriz.

TV ekranlarındaki "reality show"lardan birisindeyiz. Biz seyirciler kamerayla birlikte hareket ediyoruz;

kamera adeta bizim gözlerimiz. Zili çalıyor ve bir evden içeri giriyoruz, evde herkes ağlıyor, bir yas yeri. Evin liseli kızı yarım saat önce intihar etmiş. Kamera (gözlerimiz) evi tarıyor, neden sonra babada karar kılınıyor ve bir mikrofon acılı babanın ağzına dayanıyor. Ve baba anlatıyor, adamları kovmuyor, onları terslemiyor, kuzu kuzu anlatıyor. Muhabir yerde üstü örtülü yatan genç kızın yüzünü gösteriyor bize ve biz seyirciler o yüz nasıl olurmuş öğreniyoruz. Biz seyirciler karşımızdaki dikiz aygıtından o yüzün ayrıntılarını keşfetmeye çalışıyoruz. İntiharın nedenine dair bir ipucu, bir öfke belirtisi yahut bir gülümseme. Bir polisiye romanın şifresini çözer gibi, bil-bul oyunu oynar gibi, bilmek ve kazanmak istiyoruz.

Oysa şiddet tam da bu nedenle etkisini gösteriyor. Medyatik taarruzu hayatlarımızın içine alamıyor ve onunla kıran kırana hesaplaşamıyoruz. Ama o zihinlerimizi altüst ediyor. Andığım örneğe dönersek; insanın en mahrem alanlarından ve anlarından biri, ölüm ve onunla yüzleşme anı/alanı, taarruza uğruyor, acı verici bir olay sıradanlaştırılıyor ve ölü bir gövdeye duyulan merak kışkırtılıyor. Bir ailenin uğradığı felaket hoşça vakit geçirtecek bir gösteriye dönüştürülüyor. Şiddet budur.

Bu kuşatmada en çok yara alanlar da, en savunmasız olanlarımız, yani çocuklar oluyor. Müzik kliplerinden fışkıran ve neredeyse kudurgan cinsellik, günün her saatinde onların o nazenin imge dünyalarını bombalıyor. İnsan hayatının kolaylıkla elden çıkarılabilir bir "meta" olduğunu izleyerek büyüyorlar.

Zaman zaman "Acaba kimse bu ülkede çocukların da yaşadığını düşünmüyor mu?" diye soruyorum kendime. Yıkıcılık ve ölçüsüz cinsellik üzerine bina edilmiş, çocukları yok sayan bir yetişkinler imparatorluğuna doğru mu yol alıyoruz?

Umarız çocuklarımızı ve bizi kuşatan bu şiddet bombardımanı bir son bulur.

Ve umarız bu yazıyı okuyan anne babalar televizyonlarını daha az seyrederler.

"BEN SİZİ DİNLEDİM"

"Evet, ben sizi sabırla dinledim efendim ve hiç sözünüzü kesmedim, lütfen sözümü kesmeyin." Bu cümle 90'lar Türkiye'sinden kalan önemli bir ifade.

Ben bu ifadelere bayılıyorum, sıklıkla tartışma programlarında dile geliyorlar ve bana kalırsa 90'lı yılların bir katkısı olarak tarihe geçecekler. İnsan, sabahlara kadar süren bir tartışma programında iki çift laf edebilmek için sabır taşına dönerse, muarızları kaşını oynatsa "Ben sizi dinledim!" diye mukabele edebilir. Bu, o zahmete katlanmayı göze almış her yiğidin hakkı. Ama bana öyle geliyor ki bu "ben sizi dinledim" retoriğinde gizli birtakım anlamlar, asıl niyeti kibarca hasıraltı eden bir sinsilik var. Bu sözün sahibi sanki şöyle demek istiyor: Ben sizi dinledim, sizin söylediklerinizde hiçbir numara yok, şimdi siz beni dinleyin de meselenin ne menem boyutları olduğunu görün. Yani, bu retorik söz sahibinin ve onun söyleyeceklerinin biricikliğine vurgu yapıyor, onun 'bâtıl' görüşleri sabırla dinlediğini ve işte şimdi asıl ve son sözü söyleyeceğini bize bildiriyor.

Üstelik çoğu zaman gerçek bir dinleme eylemi gerçekleşmemiştir. Kişi, sıkıntılı zamanın verdiği ağırlıktan kurtulmak için dinler gibi yapmıştır. O, dinlemek üzere değil, dinlenilmek üzere orada bulunmaktadır ve onca sıkıntıya katlanması da bundandır. Orada baş aktör kendisidir ve bu yüzden âlicenaptır, herkesi dinler. Ne ki kendisinden önceki bütün konuşmalar boştur ve sahnede yerini ve sırasını aldığında tılsımlı sözcüklerine karşı itaat ister. Eğer özgüveni yerindeyse, işe bir teşhisle başlamayı da ihmal etmez; tartışmada o zamana kadar neyin yanlış gittiğini teşhis eder ve hakikatin yöntemini gösterir.

90'lı yılların Türkiyesi'ne baktığımda kocaman bir ülkenin neredeyse bir tartışma programı zeminine dönüştüğünü görüyorum. Tam olarak ayırt edemediğim husus, bu programların mı toplumu dönüştürdüğü, yoksa toplum zaten öyle olduğu için mi böylesi programların kabul gördüğü.

Özellikle 'tartışma programı' zemini diyorum; çünkü insanların birbirini dinler gibi yaptıkları, jest ve ifadelerin TV'lerden ödünç alındığı bir kumpanya izliyoruz. İzlediğimiz, tanık olduğumuz şey bir 'tartışma zemini' değil, onun bir taklidi. Kamusal ve siyasal alanın sözcüleri sabırsızlıkla söz sırasının kendilerine gelmesini bekliyorlar ve bu arada dinlermiş gibi yapmayı da ihmal etmiyorlar. Bir kumpanya izler gibi izliyoruz sevgili ülkemizde olup bitenleri. Pek çok şey bir sirkten alınabilecek saadete göre ayarlanmış ve sahici olması gereken insanlar oynamaya başladıklarında biz de tutamıyoruz kendimizi, oynamaya başlıyoruz. Biz seyirci rolünü oynuyoruz. Kızarmış gibi yapıyor, ama aslında kızmıyoruz. Sevinir gibi yaptığımızda sevinmiyor, öfkelenir gibi yaptığımızda aslında öfkelenmiyoruz. Eni konu, bir oyun.

Herkes konuşuyor. Herkes önemli şeyler söylüyor. Herkes dinliyor. Ama, tıpkı o tartışma programlarında olduğu gibi, verimli bir sonuca ulaşılamıyor. Oynuyorlar, oynuyoruz.

Türkiye, hararetli bir kumpanya...

TÜRKİYE İÇİNİ DÖKÜYOR

Bilmem farkında mısınız; Türkiye'de televizyon ekranı giderek müşfik bir "Büyük Birader"e dönüşüyor. Büyük Birader bizi yine her zaman ve her yerde izliyor (televizyonu bizim izlediğimizi sanmak ne saflık!), ama ona gizlisini saklısını ifşa etmek konusunda sabırsız olan biziz. Sevdiğimiz yemeklerden politik görüşlerimize, aşklarımızdan cinsel hayatımıza dek pek çok malumatı, hiç sakınmasız, bizi ekranda dinlemekte olan görüntüye aktarıyor ve belki bundan bir catharsis zevki alıyoruz. Anlatıyor ve rahatlıyoruz. İşitilmek, kendini duyurmak arzusuyla kıvranan ruh, bir telefon kablosuyla bu sözüm ona terapi seansına katılıp sükûn buluyor. Sesin simülasyonu böylece varlığın simülasyonuyla buluşuyor. Telefondaki ses benim sahte sesim oysa, o benden çıkan ama karşıya vardığında artık benim olmayan bir ses. Televizyondaki görüntü bana orada birisinin varlığını duyuruyor duyurmasına ama bu o kişinin kendisi değil, sahtesi. Elimi uzattığımda yalnızca bir cam parçasına dokunabiliyorum. Sahtelerin bu buluşmasından sahte bir ilişki ve sahte bir saadet peydahlanıyor. Ben sesimi ekranı izleyen -doğrusu, ekranın izlediği- diğer insanlara duyurdum ve bu dünyadaki varoluşumu televizyon dolayımında ispat ettim. O, programını arayan bu sese gönüllü abilik/ablalık yaptı ve beş dakikayı daha kurtardı. İkimiz de mesuduz.

Türkiye televizyonlarındaki bu canlı telefon bağlantısı iştiyakı durduk yerde keşfedilmedi. Pıtrak gibi çoğalan radyo istasyonları, ısrarlı bir propaganda hamlesiyle vatandaşı "muhabbet"e çağırdılar. Dinleyicilerinden faks ve telefon dilenen, bunun için çoğu kez yalvaran sunucularla tanıştık. Bir gece radyo istasyonları arasında gezinirken, kendisine program başından beri faks ve telefon gelmediği için hayata küsmüş bir sunucuyla bile karşılaştım. Bu kişi ağlamaklı bir sesle dinleyicilerine sitem ediyordu. Gerçekten hüzün verici bir haldi. Şu veya bu nedenle, Türkiye bir konuşmaya başladı ki durdurabilene aşk olsun. Canlı bağlantıların prensi bir adam isterik kadınların gözbebeğiyken bir gece ekranda ağladı (ya da -mış gibi yaptı) ve kalbi kırık kadınların sevgilisi oluverdi. Toplumumuzun fetiş nesnesi telefon, 900'lü hatlarla yaşadığı saltanatı, bir başka fetiş nesne olan televizyon ile yaptığı ittifakla sürdürdü.

Bütün bunlar ne anlama geliyor? Türkiye içini dökmek istiyor. Bu toprakların insanı anlatmak, konuşmak, ilişki kurmak istiyor. Kendisini duymak ve kendisini duyurmak istiyor.

İslamcı radyoyu arayıp ağlayan travesti, telefonda şarkı söyleyen mühendis, aşk vurgunu gençler, hepsi de aynı şeyi arıyor: Kendilerini dinleyecek birisini.

Herkes ruhunun şifasını arıyor. Ama yanlış yerde arıyor.

Ruhun şifası televizyon ekranlarında yahut tımarhanelerde değildir. O, hakikatin peşinde güneşte kavrulmayı göze alabilmektedir.

NAKLEN GEYİK MUHABBETLERİ

Özel kanallardan birisinde bir spor programı. Fenerbahçe-Galatasaray maçı öncesinde kaybedenin saçını kökünden kestireceği bir iddiaya tutuşmuş olan iki spor muhabiri, son sözlerini söylüyorlar. Cenaze merasiminden önceki acıklı sözleri andırıyor. Sonra iddiayı kaybedene tüm izleyicilerin önünde "idamlık" giysisi giydiriliyor: Bir berber önlüğü. Muhabir, haklı davası uğruna giyotine giden bir partizanın mahzun ama onurlu bakışlarını kuşanmış. Berber nazik dokunuşlarla saçı kesmeye başlıyor, programı dolduran taraftarlar canhıraş bağırıyorlar: "Fenerbahçe seninle gurur duyuyor!" Ertesi gün bir başka programda rakip takımın taraftarları bağırıyor: "Galatasaray adama saç kestirir!" Anlaşılan naklen tıraş bütün yurtta yankısını bulmuş ve bir toplumsal olay haline gelmiştir.

Bir süredir, ülkemizdeki televizyon kanalları dışarıdan bir gözün absürd olarak niteleyebileceği işlerle meşguller. Sosyete dedikoduları, "abimiz" lafının sıkça telaffuz edildiği spor yapımları, sululuğu ayyuka çıkaran çene yarıştırmacılar. İşin ilginci, bu programların izlenirlik oranları da bir hayli yüksek.

Peki bitpazarına bu rağbet niye?

Bu durumu, izninizle, son yıllarda dilimize yerleşen bir deyimle açıklamaya çalışayım: "Geyik muhabbeti." Bu deyim daha çok suya sabuna dokunmayan, onu paylaşanlara hoş vakit geçirten konuşmalar için kullanılıyor. Bu anlamda cemiyeti, siyaseti veya sporu konu alan her türlü dedikodu bizi eğlendirmeye yaradığı sürece geyik muhabbetidir. Bu muhabbetin, toplumumuzun ciddi bir ruh üşümesinden muzdarip olduğu şu günlerde aspirin yerine geçtiğini düşünüyorum. Bir başka deyişle, ekonomik ve siyasi buhranlarla sıkışan toplum geyik muhabbetiyle "stres atıyor". Bir spor karşılaşmasının, siyasi münazaranın yahut talk show'un ertesinde konuşacak bir sürü şeyimiz oluyor; ve TV yayını sırasında görüşümüzü kimse almamış olsa da, bunu birilerine anlatmamıza kimse engel olamıyor.

Bu programlar çok izleniyor, çünkü onlar bizi bir geyik muhabbetinde üçüncü kişi yapıyor. Bazen iyilik edip bir telefon konuşmasıyla bizi de içlerine aldıkları oluyor. Yüksek cemiyetin dedikoduları sayesinde onlarla akraba çıkıyoruz, anahtar deliğinden dikizlediğimiz hayatları birbirimize anlatıp muhabbet ediyoruz. Futbol karşılaşmalarında yahut spor programlarında kâh küfrediyor, kâh sevinçten havalara zıplıyor; açık oturumlarda bizim görüşün konuşmacısını hararetle destekliyor, bir punduna getirip muarızının sırtını yerine getirse diye dua ediyoruz.

Bütün bunlar bir yana, aslında biz iyi vakit geçiriyoruz. Akşamımızı yalnızlıktan ve sıkıntıdan kurtarıyoruz. Canlı geyik muhabbeti yapan bir araç var. O da olmasa, ertesi gün işyerinde ne konuşuruz? Konuşmak zorundayız. Geyik muhabbeti yapamazsak, çıldırırız.

Nasıl geyik ama?

Bölüm 5

"YERALTI'NDAN NOTLAR"

UNDERGROUND, SAM AMCA'YA KARŞI

"Amerika her şeyimi verdim sana, şimdi bir hiçim
17 Ocak 1956 ve iki dolar yirmi yedi sent
Kendi kafam bile bir destek değil bana
İnsanlarla savaşı ne zaman sona erdireceğiz Amerika?
Al şu atom bombasını da kıçına sok...
Asya bana karşı ayaklanıyor Amerika
Bir meteliklik şansım yok
En iyisi ulusal kaynaklarımı inceleyip onlara dönmek
Ulusal kaynaklarım, biliyorum, iki parça esrar, binlerce cinsiyet organı, saatte 1400 mil hızla giden bir özel basılmaz edebiyat ve yirmi beş bin tımarhane."

Bu cüretkâr dizeleri yazan, 1926 New Jersey doğumlu ABD vatandaşı Allen Ginsberg. Underground ozanlarından. "Underground", Türkçe'de "yeraltı" anlamına gelen bir sözcük. Her sözcük gibi, yeraltı sözcüğü de farklı çağrışımlara, farklı anlam kümelerine eşlenebilir. Bir düşünelim: Yeraltı sözcüğü kimimize ölümü hatırlatıyor, kimimize de mafya babalarını. Bugünlerin moda konusu 68 kuşağı dolaylarında düşündüğümüzde ise, Underground sözcüğü bize bir başkaldırı ruhunu çağrıştırıyor.

60'lı yılların başında Amerika'da esmeye başlayan bir protesto rüzgârı, mevcut güç yapılarına ve ekonomik zenginliklere yabancılaşmış ve bireysel özgürlükleri kısıtlayan kurumlardan tiksinen üniversite gençliğini arkasına alarak, 60'lı yılların sonuna doğru giderek şiddetlenir ve bir isyan hareketi kimliğine bürünür. Bu hareketin önderleri pek çoktur ve "Düzen"le başları pek hoş değildir, cezaevleri sanki ikinci adresleridir. Bob Dylan gibi şarkıcı, Ginsberg ve Ferlinghetti gibi ozan, Kerouac gibi siyah hareketi önderi, Jerry Rubin gibi aktivist, Timothy Leary gibi profesör vb. kozmopolit bir önderler kadrosu vardır Underground'un. John Wilcock ki, sabık bir *Daily Mirror* muhabiridir, ışığı sonra görmüş ve kendi tabiriyle hidayete ererek devrimci saflara katılmıştır, şöyle tarif eder Underground'u: "En basit anlamıyla Underground, çabaları birbirlerince takdir edilse bile mevcut Düzen tarafından henüz kabul edilmeyen yazar ve sanatçıların pek de organize olmamış toplamıdır." Wilcock'a göre Underground kahramanlarının pek çoğunun ozan olması bir tesadüf değildir: Ginsberg, Ferlinghetti, Orlovsky gibi ozanlar toplumun hızla değişen iç sesine duyarlı kulaklardır, pek çoklarının sadece hissettiğini kelimeye dökebilenlerdir.

Underground'a göre sanatçının görevi, izleyicileri az olsa da, önderlik etmektir; sanatın özü ise devrimdir ve kendisini besleyen toplumun değerlerini sorgulamak ve gerektiğinde onları yıkmaktır. Antisosyal tabir edilen kimi davranış biçimleri aslında bireyin kolektif bir yapıda bireysel varoluş hakkını teslim ediyor olmaları dolayısıyla, toplumsal davranışlar arasında en yapıcı olanlardır. Entelektüele düşen görev de sanatçının göreviyle bir anlamda aynıdır. Herhangi bir şeyin olduğundan daha farklı olabileceğinin gündeme getirilmesidir bu görev. Underground, ahlaklılığın kişilerin cinsel yaşantılarıyla ve yaşadıkları koşullarla değerlendirilemeyeceği fikrindedir. Onlara kalırsa gerçek ahlaklılık, diğer yaşam biçimlerine karşı hoşgörü duyulmasında, farklı tavırların sindirilebilmesinde anlamını bulur. Esas ahlaksızlık da, diğer insanları sizin gibi yaşamaya ve düşünmeye zorlamanızdır. Başkaldırı; toplumu sürekli hareketli kılması, statükoyu tehdit ve alaşağı etmesi ve her zaman alternatiflerin var olduğunu hatırlatması ile önemli bir işlevi yerine getirir Underground aksiyonunda. Underground'a göre hiçbir şey kutsal değildir, hiçbir şey müdahale ve incelemeden bağımsız olamaz. Underground eylemcisi gizli kalmak yerine topluma açılmayı seçmelidir, çünkü düşman bizizdir, ana babalarımızdır, seçimle gelcn hükümetlerimizdir. Underground bedenlerin yanı sıra zihinlerin de aynı işlerlikte kullanılmasını önerir. Gandhi'nin şiddeti dışlayan politikasını kullanır ama şiddete karşı şiddet kullanmayı da reddetmez. Underground kendisinin müzik, edebiyat, tiyatro, resim, film, iletişim, şiir, ekonomi ve din alanlarına yapılan genel anlamda bir rönesans hareketi olduğu fikrindedir.

Wilcock'a göre Underground ile Düzen arasında kaçınılmaz bir zina vardır. Bir içiçelik, ayrılmazlık pek çok alanda sürüp gitmektedir. İyimser Underground inananları "Düzeni yutacağız" demektedirler ve

Underground'un iki ayrı uçta kutuplaşmasını kaçınılmaz kılmaktadırlar. Bu yüzden Underground kendi birimlerini tez elden kurmalıdır.

Underground kurumsal Düzen'in mevcut biçimleriyle uyum içerisinde olmayı reddeder ve geleneksel kültürün kısıtlamalarından bağımsız bir toplum düzeni hayal eder. Hapçıdır, esrar otunun politik bir araç olduğuna inanır. 60'lı yıllarda Underground, Kara Panterler'e tam destek vermiş, onlarla yürümüş ve onlarla birlikte savaşmıştır. Malcolm X, devrimci düşünce ve yaşantısıyla Underground literatüründeki büyülü adlardan biridir. Düzen'e karşı sürdürdüğü mücadeleyle Malcolm bir bayraktır.

Underground'un eylemci doğasını eleştirenler de vardır. Wilcock bu tavrı pek beğenmese de boyun eğer: "Belki haklıdırlar. Herkesten barikatlarda yer almalarını bekleyemeyiz. Kimileri bunu istemeyebilir. Değişim aksiyonuna her düzeyde katkıda bulunabilir," der. Yine de bu uzlaşmacı tutum canını sıkar. Düzen'in günahları pek çoktur çünkü: Başta Vietnam ve Irk Ayrımı, sonra mahkemeler, yargıçlar, polis, kanunlar, gettolar, banliyöler...

Underground nihilist ve sıklıkla anarşisttir. Çevrecidir, teknolojiye kin duyar. Ahlaki sapmaları bir hamiyet duygusuyla içinde barındırır. Radikal feministtir. Düzen'i hiç sevmez ve Marx'a göz kırpar. Uzakdoğu dinleriyle flört halindedir. Düzen'e karşı olan her şeyin yanındadır, aykırılıkların tümüne kucak açmıştır. Eldridge Cleaver -ki, önce Elijah Muhammed'e takılmış, sonra ondan ayrılarak sadık bir Malcolm X izleyicisi olmuş ve Malcolm'un ölümüyle Kara Panterler'e geçmiş biridir- Underground'u ateşleyen siyah-beyaz dayanışması konusunda şunları söyleyecektir:

> "Amerika'da Karalar da, Beyazlar da baskı altındadır. Karalara baskı yapan ayrı bir yönetici sınıf, Beyazlara baskı yapan bir yönetici sınıf bulunduğunu sanmıyorum. Beyazları, Karaları baskı altında tutan tek bir sınıf var. Bu sınıf Meksikalıları, Porto-Rikoluları, herkesi, herkesi boyunduruğu altında tutuyor. Yalnız, Zenciler karşısında baskı aracı ırk ayrımı ise, Beyazlar karşısında sınıf ayrımıdır. Diyeceğim, Amerika'yı oluşturan çeşitli toplulukları çeşitli yöntemler kullanan tek bir egemen güç çekip çeviriyor."

Underground ülkedeki toplumsal canlanışın siyah topluluklardan fışkıracağı fikrindedir. Kara Panterler'in önderleri Bobby Seale ve Huey Newton hapiste, Eldridge Cleaver ise sürgündedir, Malcolm X de Düzen tarafından öldürülmüştür. Fakat Kara Halk ayaktadır ve canlıdır, dinamizmiyle Sessiz Çoğunluk'u hâlâ korkutmaktadır.

Sessiz Çoğunluk Underground terminolojisinde önemli bir yer tutar. İtaatkâr ve Düzen'in güdümündeki insan kitlesini ifade etmek için kullanılır. Underground, Panterler'in Rubin ve Sinclair gibi önderlerinin tutuklanma nedeni olarak onların Amerika halkına, acı çeken büyük Sessiz Çoğunluk'a olan mesajlarını gösterir: Underground ısrarla bireylerin kendilerini yönlendirmek isteyen kurumlardan daha değerli olduğunu söyler. Cezaevinden yazdığı mektupta "Şunu açık seçik anlatmalıyız," der Sinclair, "biz genelde bu itaatkâr insanlara karşı değiliz, fakat sadece ellerini kollarını bağlayıp onları güdükleştiren kuvvetlerin karşısındayız." Sessiz Çoğunluk'u oluşturanlar çevrelerini tahakküm altına almış endüstriyel çürümeyle, trafik kazaları ve yükselen vergilerle, evlatlarını yitirdikleri savaşlarla şaşkına dönüşmüş orta tabaka vatandaşlardır.

Underground'a göre cezaevi olgusunun kendisi bir suçtur. Çünkü iyileri içeri alır, kötüleri ise dışarıda bırakır. Düzen, Underground önderlerini hapseder çünkü onlar Amerika'da insanlığın ve iyinin sözcülüğünü yapmaktadırlar. Bu insanlar Düzen'i sinirlendirirler çünkü insanların kurumlardan daha önemli olduğunu söylemektedirler. Çünkü üniversitelerin topluma nasıl faydalı olunabileceğinin öğrenildiği yerler olmasını isterler ve bireye, sisteme köle olmasını ve hiç yüksek okula gitmemiş insanlara efendilik yapmasını telkin eden beyin yıkayıcı üniversitelere karşıdırlar. Underground böyle bir mesajın toplum nezdinde büyük bir cazibesi olduğu fikrindedir. Bu ise büyük kurumların iyi hallerini tehdit etmekle kalmaz, geleneksel Amerikan politikasını oluşturan hareket tarzlarının da altını oyabilir. Underground cezaevi konusunda şöyle düşünür: Aslında Amerika'da kimse (küfürsüz bir şekilde olduğu sürece) doğru konuşmaktan dolayı hapsedilmez. Ama düzen bunun da kolayını bulmuştur, sizi hapsetmek için en az bir milyon sebep bulabilirler. Sözgelimi, esrar içmek Amerika'da günlük yaşamın bir parçası olmuştur; Düzen bunu bilir de, yalnızca susmasını istediklerini ve tehlikeli gördüklerini hapseder esrar içmekten. Ayrıca, Düzen sizi mahkûm etmek istiyorsa her türlü tezgâhı kurabilir. Ayaklanmaya teşvik, ateşli silah taşıma, illegal toplanma veya dağılmamakta direnme gibi nedenlerle birdenbire tutuklanmanız işten bile değildir. Eğer hapse girmek istemiyorsanız susacak ve baskıcı kurumlar karşısında gıkınızı bile çıkarmayacaksınız. Düzen, Underground'a göre bu devrimcileri cezaevinde tutmak için her gün onlara yeni bir suç isnat eder, çünkü onları döverek veya beyinlerini yıkayarak "adam" edemeyeceğini bilir. Hatta diğer mahkûmlar üzerinde etkili olabileceklerinden korktuğu için onları hücrelere koyar. Tecrit edilme ve saçlarının kesilmesi Underground önderleri için mukadderdir.

Bunlardan birisi, Jerry Rubin, şöyle diyecektir: "Uzun saçımı kesebilirsiniz, ama uzun saçı kesemezsiniz." Bu söz Underground'un vecizelerinden birisi olur. Bunları mahkûmu tamamen demoralize etmek için yapıyorlardır, ama işin tuhafı bunu mahkûmun "rehabilitasyonu" için yaptıklarına sizi inandırmak istiyorlardır. Jerry Rubin cezaevinden şöyle yazmaktadır: "Adalet, adalet; kelime konservesi sadece! Mahkûmlar en ufak insani nezaket karşısında şükran duymalılar: Bir gülümseme, kibarlık ve ufacık bir bilgi karşısında. Bize sürekli şu söyleniyor: Siz kimsiniz de bilgi istiyorsunuz; bir idrar birikintisi, pislikten başka bir şey değilsiniz." Şöyle devam eder Rubin: "Malcolm X demir çubukların arkasında kimsenin daha iyi olamayacağını söylemişti. Katılıyorum. Ükenin her yanındaki cezaevlerinde yüzlerce tutukluyla tanıştım ve yaptığından, yapmadığından ötürü pişmanlık duyan bir kişiyle karşılaşmadım. Hepimiz biliyoruz ki, gerçek suçlular bizi buraya tıkan domuzlardır. Anahtarı ellerinde tutanlar asıl suçlulardır."

Underground'a göre cezaevleri Düzen'in insanları yıpratmak için kurduğu çağdaş işkencehanelerdir. Eğer Adalet Bakanlığı General Motors adına konuşuyorsa ve siz de zencileri ayaklanmaya teşvik etmekten dolayı hapiste bulunuyorsanız, düşmanlar aynı demektir. Kara Panterler ise şiddete karşı şiddetin mübah olduğunu söylemekte ve polisin şiddet eylemlerine karşı durmaktadırlar. Kuruculardan Hvey Newton uyduruk bir cinayet suçuyla tutuklanır. Suçsuzluğu apaçık olan Hvey için Kara Panterler ülke çapında kampanyalar düzenlerler. Bu arada kimi ayak oyunlarıyla Hvey onbeş yıla mahkûm olur. Kampanyalar gün geçtikçe yayılır ve güçlenir. Sonunda kefaletle serbest bırakılan Hvey sistemin tezgâhıyla üç yıl hapishanede kalmış olur. 1970'te özgürlüğe kavuşunca bütün siyasal tutukluların kurtarılması için sonuna kadar savaşacağını söyler.

Hvey cezaevinden yazdığı bir mektupta şöyle demektedir:

> "Cezaevi, mahkûma karşı bir zafer elde edemez, çünkü insanın bütün bedenini bir hücreye koyduğunuzda o insanı oluşturan her şeyi elinizde tuttuğunuz düşüncesi yanlıştır. Mahkûm geometrik bir biçim değildir, bu yüzden matematik-

te geçerli olan yaklaşım söz konusu insan olunca bütünüyle başarısızlığa uğrar. Cezaevi bir kişinin bedenine sahip olunursa bütün varlığına sahip olunacağı ilkesiyle işler; onlara göre bütün, parçaların toplamından büyük olamaz. Bedeni hücreye kapatır ve bundan bir rahatlık ve emniyet hissi duyarlar. O halde cezaevi zaferi tutuklu kişi onların istediği şekilde davranmaya, düşünmeye ve inanmaya başladığında ortaya çıkar. İşte o zaman savaşı kazanmışlardır ve gerçekten kişiyi rehabilite etmişlerdir. Bu da pek mümkün değildir. Zira cezaevlerini kontrol edenler kendi inançlarını bile doğru dürüst inceleyememiş kişilerdir ve kontrol etmeye kalkıştıkları insanları anlamaktan da acizdirler. İnsanlık konusunda bütün, kendi parçalarının toplamından daha büyüktür. Çünkü sayılabilen ve denetim altına alınabilen bedenlerle birlikte, sayılamayan ve denetim altına alınamayan düşünceleri de içine alır."

Undergound önderlerinden olan bir diğer Kara Panterler kurucusu Bobby Seale de Düzen'in tezgâhıyla içeriye düşenlerdendir. Cezaevinden şöyle yazar:

"Kara Panter Partisi bu ülkenin eyalet yönetimlerine, yerel yönetimlerine ve ABD yönetimine, Kara Halk'a ve diğerlerine karşı gösterdiği insafsız baskıdan ötürü ayak diremektedir. Bugüne dek pek çok Kara Panter Düzen'in ajanlarınca ve polislerce öldürüldü. Ama şimdi bizi cinayetle suçlayarak kitleleri yanıltmayı planlıyorlar. Açık bir aldatmaca var ortada."

Görüldüğü gibi Düzen, mahkûmu seslendiği kitlenin gözünden düşürmek, onun itibarını zedelemek istemektedir.

Underground rüzgârı 60'lı yıllarda üniversiteleri de kasıp kavurur. Teorik yerine pratik, soyut yerine somut bilginin öne alındığı bir üniversite istenmektedir. Sosyal bilimlerin objektif olduğu iddiası küçümsenir. İşte burada araya Anton Zijderveld girer ve şöyle der:

> "Bu insanlar (başkaldıranlar) farklı yorumlara ve farklı biçimlerde işlenmeye açık slogan türü ifadelere karşı hayranlık beslemektedirler. Marshall McLuhan'ın teorileri, Hegel, Marx, Freud ve Herbert Marcuse'un görüşleri hararetle karşılanmakta fakat nadiren anlaşılmakta ama arzuyla tatbikat alanına konulmaya çalışılmaktadır. Bunlar entelektüel şoklar ve gazete bilgisi için açıkça gözüken arzuyu tatmin ederler. Bugün teoriler ve felsefeler yeni, hiç işitilmemiş, dehşet verici ve gizli şeyleri, sırları ifşa edici nitelikte olmalıdırlar. Politikaya uygulanabilir ve bu alanda kullanılabilir bilginin peşindedirler. Gerçeğin araştırılması için gerektiğinde sıkıntılara katlanmayı modası geçmişlik olarak düşünürler ve saçma olarak nitelendirirler. Aslında itirazlar daha çok üniversitelerin mevcut otorite sistemi üzerine yoğunlaşmış bulunmaktadır."

Underground üniversite ile sürekli olarak iki hususta çatışma halindedir: Öncelikle, yönetim hiyerarşisini otoriter olmakla suçlar. Üniversitede üretilen bilginin, bütünüyle yararsız olmasa bile, toplum sorunlarıyla ilgili olmadığına inanır.

Berkeley'deki Serbest Konuşma Hareketi, üniversiteyi totaliter bir toplum için eleman yetiştiren bir kurum olarak gören ve kapsamlı, pratik değeri olan bilgilerin özlemi içinde olan öğrencilerin başlattığı bir hareketti. Üniversite onlara göre Düzen'in sözcülüğünü üstlenmişti ve otoriter yapısıyla baskıcıydı, faşistti.

"Hareketin amacı elbette bilgi ve eğitim üzerine bir münazara başlatmaktan ibaret değildi. Daha geniş bir anlamda yöneticilerin bürokratik tavırlarına karşı yürütülen bir isyan eylemiydi" der Zijderveld. Serbest Konuşma Hareketinin önderlerinden, eski radikal Mario Savio ise aynı konuda şunları söyler:

> "Kaliforniya'da imtiyazlı azınlık talebelerin politik özlemlerini bastırmak amacıyla üniversite bürokrasisini yönlendiriyordu. Bu 'saygıdeğer' bürokrasi, zengin sınıfını maskelemekte idi: Bu kişiliksiz bürokrasi 'Yeni Cesur Dünya'da en etkili düşmandır. Kaliforniya Üniversitesi'nde serbest konuşma hakkı için verdiğimiz savaşta, bizim ulusumuzun en büyük sorunu olarak ortaya çıkması olası olan şey ile karşı karşıya geldik. Bu, kişiliksiz, tepki göstermeyen bürokrasi idi."

Çiçek çocuklardır onlar. Politik ve sosyo-ekonomik gücün yerine, çiçeğin gücünü yeğleyenlerdir. Bu bir karşı-kültürdür. Bu karşı-kültür mevcut düzenin normlarını, değer yargılarını, sosyal yargılarını, sosyal yapılarını ve kültürel yaşam biçimini bütünüyle red ve inkâr eder. Bu kültür tamamen nihilist, yer yer de anarşist ve aktivisttir. Anarşizminde insanı boğan kapitalist rekabet ortamına karşı bir muhalefet gizlidir. Aktivizminde de otoriteye ve zorba politik kurumlara karşı isyanın damarları görülebilir. 60'lı yılların Avrupalı hippilerinden daha fazla eylemcidirler. Sosyal ve politik alanların yeniden düzenlenmesi için savaş verirler. Avrupalı çiçek çocuklar "Savaşma, seviş!" derlerse de Underground'un çiçek çocukları Düzen'le savaşmaktan asla yılmazlar ve baskıcı kurumlara karşı verdikleri savaşımda zaman zaman şiddetin çocukları oluverirler. İşte Underground'u Düzen nezdinde tehlikeli kılan da budur. Cezaevleriyle bu yüzden pek haşir neşirdirler. Underground hareketi de işte bu yönüyle bizim için anlamlıdır. Avrupa hippilerinin başkaldırı hareketi kültürel bazda seyrederken, Underground Sam Amca'nın Vietnam'da ne aradığını sorar. Halkı Vietnam işgaline karşı koymaya çağırır. Underground basını da olayları izleyip rapor etmekten çok olayların içinde yer almayı tercih eder. Yüzlerce kişiyle birlikte Pentagon'a yürür.

60'lı yılların rüzgârı artık şapkaları uçurmuyor. Bir saman alevi gibi parlayan o hareket artık kimseyi yakmıyor. İşte romantizmin tehlikeli dikeni de bu. Moda düşünce ve eylemler, gençliğin doludizgin çizgisi içinde siliniyor ve geriye yalnızca nostajiyle hatırlanan ayak izleri kalıyor.

Tüm bunlara rağmen, Underground hareketinin gerek siyahların eşitlik mücadelesinde, gerek bürokrasilerin baskıcı tavırlarının sarsılmasında, gerekse de "güçlü olan haklıdır" varsayımının temellerinin dinamitlenmesinde önemli bir işlevi yerine getirdiği söylenebilir.

O yürekli çıkışlar duygusallık sürecinden mantıkîlik sürecine kayabilse ve anlık heyecanların esiri olmasa idi, kuşkusuz çok daha kalıcı tavır değişikliklerine yol açabileceklerdi.

BİR ŞAİRİN DÖNÜŞÜMLERİ

LeRoi Jones 1934 yılında Newark'ta doğdu. Ortadirek bir ailenin çocuğu: Babası posta memuru, annesi işçi. Ve bir erken ergen: Ortaokulda mizah hikâyeleri, on beş yaşında mezun olduğu lisede bilimkurgu yazmaya başladı. Rutgers Üniversitesi'nde bir yıl bilim tahsil etti, fakat yalnız geçen bir yıldan sonra ayrılarak Howard Üniversitesi'ne kaydoldu. İngiliz dili dalındaki öğrenimini bitirdikten sonra Hava Kuvvetleri'ne girdi, ordudaki üç yılı boyunca uzak diyarlarda istihdam edildi. 1957'de ordudan kovuldu.

Bu üç yıl boyunca Jones'un iç burkuntuları giderek artıyordu; bir okuma ve kendini tartma sürecine girmişti ve giderek çevresinden soyutlanıyor, sessizleşiyordu. Bu günlerden birinde bir kitap dergisinde Kafka diye bir sözcüğe rastlar Jones. Tüm sözcükleri tararsa da, anlamına rastlayamaz. Yazarlığının ilk yıllarında kendisini yoğun olarak etkileyecek olan Kafka ile böyle tanışır. Düşünen, araştıran bir asker ordu için lükstür oysa, bunu Jones da fark etmiştir. Sonunda komünist eğilimleri olduğu gerekçesiyle ordudan kovulur.

Çok sonraları, şöyle diyecektir:

> "Howard Üniversitesi şunu anlamama yardımcı oldu: Zenci hastalığını. Size nasıl bir beyaz gibi davranacağınızı öğretiyorlar. Fakat Hava Kuvvetleri'nde beyaz hastalığını anladım. Bana ve benim gibilere olanları fark etmek beni derinden etkiledi. Zencilere hükmederek Beyazlar zalimliğe soyunmuş oluyorlardı; insanlara kötülük ediyor, fakat kendilerinin haklı olduğuna inandırıyorlardı."

1950'li yılların sonuna gelindiğinde LeRoi Jones kasabasına dönmüştür. Yine bu yıllarda, beyaz ve Yahudi olan ilk eşi Nellie'yi tanır. Nellie Yahudiliğinden eziklik duyan bir orta tabaka insanıdır. Nikah Jones'un isteği üzerine bir Budist tapınağında kıyılır. Bu yıllarda *Naked Ear* (Çıplak Kulak) isimli bir şiir dergisi çıkarır ve ünlü şiiri "Yirmi Ciltlik Bir İntihar Notuna Önsöz"ü yayınlar. Yanı sıra, edebi çevrelerde de görünmeye başlamıştır. Şiir toplantılarına katılır. Bu toplantılardan birinde ünlü zenci şair Langston Hughes ile tanışır. Langston onu yüreklendirir ve köklü bir dostluğun temelleri böylece atılır. Ve Allen Ginsberg'in ünlü şiiri "Uluma"yı okur. Okur ve sarsılır, çünkü Ginsberg'in şiiri ilgilerini kurabileceği ve kendisini özdeşleştirebileceği bir dünyanın kapılarını aralamaktadır.

Ginsberg'in diğer şiirlerini de aynı coşkuyla okur ve sonunda o sıralarda Paris'te yaşayan şaire bir mektup yazar. Tuvalet kağıdının üzerine yazdığı bu mektupta Ginsberg'e "harbi" olup olmadığını sorar. Ginsberg'den gelen mektup yine tuvalet kâğıdına yazılmıştır ve cevap kısadır: "Samimiyim, ama Allen Ginsberg olmaktan yoruldum."

LeRoi Jones, 50'li yılların sonuna doğru, Downbeat, Metronome ve Jazz Review gibi ünlü müzik dergilerinde bir caz eleştirmeni olarak sivrilmeye başlar. İlk karısının yardımıyla *Zazen* adlı dergiyi çıkartması da aynı dönemdedir. *Zazen*, Zen terminolojisinde esrar sözcüğünü karşılayan bir kelimedir. Jones dergi için Ginsberg'den şiir ister. Ginsberg yalnızca şiir göndermekle kalmaz, dönemin ünlü Beat yazarlarının da yazı ve şiirleriyle dergiye katılımını sağlar. Böylece Gary Snyder, Jack Kerouac, Peter Orlovsky gibi isimleri de bünyesinde barındırmasıyla Beat yazınının bir sözcüsü olur *Zazen*. Yaklaşık dokuz sayı çıkan bu dergiyi Floating Bear, Kulchur adlı dergiler izler. Sivil haklar hareketinin Martin Luther King'in önderliğinde yoğunlaştığı yıllardır. Jones, King'in felsefesini onaylamaz. Ona kalırsa, şiddete karşı olmak ve her seferinde yumruğu yiyen taraf olmaktan ise, savaşmak ve haklarını savunmak için şiddete başvurmak elzemdir. O günlerde yazmış olduğu bir şiir şu dizelerle biter:

"Bekledik gelişini doğal hadiselerin
Mistikler, romantikler ve mahir
İşçileri ülkenin.

Gelmedi hiçbiri
(Tekrar)
hiçbiri gelmedi
Makinalı tüfekçiler, lütfen öne geçerler mi?"

1960 yılında bir grup yazarla birlikte Küba'ya gider. Kübalı resmi makamların çağrılısı olarak katıldığı bu gezide Kübalı ve Latin entelektüellerle görüşür. Bu gezi Jones'ta derin bir iz bırakır. Castro ile görüşür, devrim şenliklerine katılır ve tebliğler sunar. Ne ki, sunduğu tebliğlerin apolitik olması kimi şairlerin onu "burjuva bireyciliği" ile suçlamasına yol açar. Jones'un siyasal ivmesi Küba gezisiyle ani bir sıçrama gösterir ve "devrimci duygular" yavaş yavaş benliğinde yerini alır.

Amerikan sistemi üzerine daha boyutlu ve eleştirel bir düşünme süreci içine girer. Artık sol eğilimli bir siyahi entelektüel olarak tanınmaktadır. Ahmed bin Bella hükümetinin yayınladığı ve dünyanın her köşesinden yazarların katılımıyla çıkan *African Revolution* (Afrika Devrimi) adlı dergiye müzik yazıları yazar. O yıllarda Malcolm X'in güçlü sesi Jones'a da ulaşmaya başlamıştır. Malcolm'un sözleri daha önce benzerini yaşamadığı bir biçimde kendisini kuşatmış, sarmıştır. Onun eylemci tavrı, cesur, politik çıkışları Jones'u yüreklendirmektedir. Malcolm X'in sözleri ve eylemleri ondaki âtıl bilinci ateşler gibidir. Jones'un "beyaz avangard"a katılımı hiçbir zaman bütünüyle ve yürekten olmamıştır zaten, içten içe gelişen bir tedirginlik yazarın yapıtlarında kendini ele vermeye başlamıştır. İlk tiyatro yapıtlarında bir siyahi yazarın beyaz bohemya ile olan ilişkilerindeki ızdırap ve kararsızlığın vurgulandığı görülür. Bunun yanı sıra yazar, beyaz değerler dizgesini aşağılar, tiye alır. Amerikan yaşam biçiminin yararsız olduğuna ve çok ırklı bir toplum yaratmanın anlamsızlığına inanır. Beyaz Amerika'daki siyah müzik üzerine yazdığı kitabı *Blues People*'da (1963) bu yoğunlaşan yabancılaşmayı şöyle ifade eder: "Siyah olmanın uç bir sorumluluk olduğu bir toplumda siyah olduğunuzu kavramanız bir yana, aksayan ve onulmaz şekilde bozulmuş olanın siz değil de toplum olduğunu fark etmeniz, işte bu, insanı daha fazla tecrid ediyor."

60'lı yılların ortalarına doğru Jones bir oyun yazarı olarak ünlenmeye başlar. Kısa oyunu *Dutchman* (Hollandalı) bir metroda genç bir siyah ile beyaz bir kadın arasında sonu cinayetle biten ilişkiyi anlatır. Broadway'de uzun süre oynayan bu oyunun ardından yazdığı *The Toilet* (Tuvalet) ve *The Slave* (Köle) adlı oyunları eleştirmenler tarafından ilki kadar beğenilmez. Pek çok eleştirmen her ne kadar yazarın en başarılı oyunu olarak *Dutchman*'i gösterirse de, bilinen eleştiri ölçütlerinin yazarın sonraki yapıtları için fazla geçerli olmadığı da dipnot olarak düşülür. İlk iki şiir kitabı olan *Yirmi Ciltlik İntihar Notuna Bir Önsöz* ile *Ölü Vaiz*, sırasıyla 1961 ve 1964 yıllarında yayınlanır. Jones'un "siyah bilince hicreti" artık tamamlanmak üzeredir, Malcolm X'in etkisiyle yazılarında ve konuşmalarında beyazlara çatar ve onları aşağılar olmuştur. O günlerde zenci hareketine beyazların bir katkısı olup olamayacağını iyi niyetle soran bir beyaz kadına verdiği cevap bu nefreti tablolaştırmaktadır: "Yardım edebilirsiniz, ölerek. Sizler bir kansersiniz. Dünya insanlarına ancak ölerek yardım edebilirsiniz."

Beyaz bir kadınla evli olması, beyaz entelektüellerden bir çevresi olması onu huzursuz eder olmuştur. Karısını artık bir "beyaz" olarak algılamaktadır ve bu yüzden evlilik bağını koparmak istemektedir. Hayatının bu kesitini olanca açıklığıyla yansıtan *The Slave* adlı oyununda bir siyah, ırklar savaşının arefesinde devrimci kimliğini bulmak için beyaz karısından ayrılmaktadır. Malcolm'un öldürülmesi bütün siyah cemaati olduğu kadar onu da fazlasıyla sarsar ve onun miras bıraktığı mücadeleyi sırtlanmak için -karısını da terkederek- Harlem'e taşınır. Ona göre, Malcolm'un ölümü, Elijah'ın kurduğu "Nation of Islam"ın yani "İslam Milleti"nin ölümü olmuştur aslında. Harlem'de bir bina kiralayarak "Siyah Sanatlar Repertuarı Tiyatro ve Okulu"nu kurmak için kolları sıvar. Harlem'deki kısa ama ses getiren etkinliği politik baskılarla sona erdirilir, bu durum Jones'un edebi vurgusunu -beyazları protesto etmekten çok, doğrudan siyahlara hitap etmek şeklinde- değiştirmesine yol açar. Jones, Harlem'de kaldığı bir yıl boyunca çok değişik insanlarla karşılaşır. Afrika kabile töresi olan Yoruba'yı bir yaşam biçimi olarak benimseyenlerden, İslam adı altında farklı uygulamalar ortaya koyanlara dek geniş bir yelpaze üzerinde uzanır siyah muhalefet. Elijah Muhammed'in önderi olduğu "Nation of Islam", Malcolm'un öldürülmesinden sonra büyük ölçüde prestij kaybetmiştir. Özyaşam öyküsünde Jones'un o yılların Harlemi'nin toplumsal krokisini çizerken aktardığı tablo, Siyah İslam hareketinin kozmopolitliği hakkında da önemli ipuçları veriyor. Gerçekten İslam'ı yalnızca terminoloji düzeyinde algılayan ve derinine nüfuz etmekten yoksun insanların çoğunluğu oluşturdukları anlaşılıyor.

Jones İslam hakkında çok az şey bilmektedir. İlgisini İslam'a yönelten de, Malcolm X'in mücadelesi ve şehadetidir zaten. Harlem'deyken, Tong adında bir Sünni Müslüman'la tanışır, Tong'un tartışmak için toplanılan bürosunda "sıkı İslami kurallar" uygulanmaktadır: Sözgelimi, şapkayla girilmemekte ve sigara içilmemektedir. Yaşam öyküsünde Jones, Tong'un yardımcısından bahsederken şöyle der: "Tong'un yardımcısını son gördüğümde, Hanefi Müslüman olmuştu. Yani, dini fanatizm taşıyan küçük bir İslam mezhebinden."

1984 yılında yayınlanan kitabındaki bu sözleri Jones'un bugün bile İslam adına pek bir şey bilmediğini ortaya koyuyor. Kaldı ki, 60'lı yılların karışık sosyopolitik ortamı derinlemesine bir İslam bilgisine ulaşmasına zaten engeldi. Harlem'i terketmesindeki âmillerden biri de Tong ile arasındaki önderlik rekabetidir. Bu yüzden Tong'un temsilcisi olduğunu savladığı akıma da kendini pek yakın hissetmez. İslam'a duyduğu ilgi Harlem'den ayrıldıktan sonra azalır Jones'un, ancak kendi ifadesiyle "dini ibadetlerden çok kültür milliyetçiliği" ilgilendirmektedir onu. İslam adı altında ortaya konulanların ilk elde kültür milliyetçiliğini çağrıştırması da bir algılama biçimine ışık tutuyor.

1966 yılının hemen başında Newark'a taşınan LeRoi Jones burada Spirit House'u (Canevi) kurar. Yanı sıra, bir tiyatro topluluğu olan Canevi Taşıyıcıları faaliyete geçer.

Canevi düzenli üretimlerle Newark siyah cemaatinin bilinç düzeyini yükseltmek ister. Cihad yayınları kurulur ve ilk kitap olarak Jones'un *Kara Sanat* adlı şiir kitabı yayınlanır. O günlerde -sonra ikinci karısı olacak olan- Sylvia ile tanışır. Sylvia bilinçli siyah bir kadındır. Canevi etkinlikleri politik bir düzlemde yoğunluk kazanır. Siyahların çoğunluğu oluşturduğu şehirde "beyaz ve üstelik namussuz" belediye başkanına karşı LeRoi Jones'un önderliğinde kampanya başlatılır ve seçimlerde başkanlığa ilk kez bir siyah seçilir.

LeRoi Jones 1967 yılında kültür milliyetçisi Ron Karenga ile tanışır. Karenga'nın iyi örgütlenmiş ve disiplinli cemaati Jones'u etkiler. Mevlana Ron Karenga yerel Afrika kültürünü çağdaş ideolojilerle sentezleyerek diriltmeyi amaçlamaktadır. Kawaida adını verdiği doktrini yedi ilkeden oluşur: Birlik, Muhtariyet, Kolektif Çalışma ve Sorumluluk, Kolektif Ekonomi, Amaç, Yaratıcılık ve İman. Görüldüğü gibi, Kawaida doktrini de İslam'ı kültürel bir motif olarak algılamakta ve ondan terminoloji düzeyinde yararlanmaktadır. Karenga'nın LeRoi Jones üzerinde daha sonraları yoğun bir etkisi olacak ve Jones yaklaşık sekiz yıl onun örgütlediği politik ve toplumsal etkinliklerde önemli rol oynayacaktır. Özyaşam öyküsünde, Karenga'nın herkesten işine geleni alıntıladığını söyler -Mao'dan Fanon'a kadar-. 1967'de oğlu olur, adını Obalaji Malik Ali koyar. Obalaji yerel Afrika dilinde "Kral'ın savaşçısı" anlamındadır. Malik ise Malcolm X'in anısına verilmiştir. O yıl

Newark'ta siyah bilincin kıpırdanmaya başladığı bir yıldır, kara halk sokaklara taşmaya başlamıştır. Bir gün Newark isyanı patlak verir. Bir hafta süren çatışmalarda yirmi bir siyah, iki beyaz ve bir polis ölür. Binlerce siyah yaralanır ve daha fazlası tutuklanır. Bunlar resmi rakamlardır, aslında çok daha fazla siyah öldürülmüştür. İsyanın birinci gününde polis LeRoi Jones'a ateş eder, yaralanan Jones o an ölümün eşiğine geldiğini duyumsar ve haykırır: ELHAMDÜLİLLAH! Oysa henüz Müslüman olmamıştır. O an artık devrime aykırı tutumlarından arınması gerektiğini fark eder. Bireyciliğini, Batılı ve Beyaz alışkanlıklarını, "Zenci Entelektüalizmi"ni terk eder. Sigara ve içkiyi bırakır.

İsyanın üzerinden çok geçmeden kendilerini Sünni Müslümanlar olarak tanıtan iki adam çıkagelir. Jones'un bu konudaki bilgisi, Malcolm'un Nation of Islam'dan ayrıldıktan sonra bir Sünni Müslüman olarak yoluna devam ettiğidir. Malcolm'un bu çizgisi pek çok siyah entelektüeli zaten etkilemiştir. Adamlardan biri Kamil Vedud adında, iri yapılı sakallı bir adamdır. Kamil, Jones'tan Malcolm'u defneden imam Hacı Hişam Cabir'le tanışmasını ister. Kamil eski bir gangsterdir fakat -kendi deyimiyle- İslam'ın mesajıyla doğru yola girmiştir. Liderliğin artık Jones'un üzerine vazife olduğunu söylerler, Jones'a İslam'ı tebliğ etmek için gönderilmişlerdir. Jones, Hacı Hişam'la buluşur, Hişam ona Amir Bereket ismini verir. Karısı Sylvia da Amine adını alır. Daha sonra Karenga'nın etkisiyle ismini Swahili lehçesine uydurarak Amiri Baraka yapar. Kamil, diğer Sünniler ve Hişam, Canevi'ne gelip gitmeye başlarlar. İslam'ın anlamı üzerine uzun tartışmalar olur. İslam inancının temel rükünlerini ve namaz kılmayı öğretirler Jones'a. Yalnız Kamil tuhaf biridir, Masonluk ile İslam'ın birbirine çok benzer olgular olduğunu söyler sık sık. Ona kalırsa Masonların 33. derecesindeki gizli kelime "Allahüekber"dir.

Canevi giderek bir cemaat evi kimliğine bürünür, Arapça kursları ve İslami dersler verilmeye başlanır.

1967'de kendisini öldüreyazan polisleri aklamak amacıyla, illegal silah taşıdığı iddiasıyla yargılanır Jones. Kendisi tümü beyaz bir jüri tarafından yargılanamayacağını söylese de, yargıç, şairin "Kara Halk" adı şiirinden bir bölüm okuyarak suçu sabit kılar: "Kendi dünyamızı kurmalıyız adamım, bunu yapamayız beyaz adam ölmeden. Haydi davranalım adamım, toplanalım, toplamak için güneşin meyvesini." Yargıç "İki adet silah bulundurmaktan hüküm giydiniz," deyince, Jones bağırır: "Bir de şiir!" Üç yıla mahkûm edilir. Bu, böylesi bir suç için alışılmadık bir cezadır, çeşitli çevrelerden protestolar yükselir. Yoğun baskılar sonucunda Amiri Baraka kefaletle serbest bırakılır. Artık yeni ismini kullanmaktadır çünkü bu ismin kendi siyahlığının bir simgesi olduğunu düşünmektedir.

1968 yılında şair iki görüşün etkisi altındadır, bir yanda kültür milliyetçiliğini savunan Ron Karenga'nın Kawaida doktrini, öte yanda kendi deyimiyle "ortodoks İslam" vardır. Bir yol ayrımına gelmiştir. Sünniler ona kalırsa politik açıdan pek ileri değildirler. Militan olmaması konusunda onu sık sık uyarmakta ve siyahların aslında Arap olduğunu, gerçek Arapların da siyah olduğunu telkin etmektedirler. Kamil duruşma esnasında Baraka'ya ayakları 45 derecelik açı yapacak şekilde durmasını ve elini başının üstüne koymasını söylemiştir. Bu Masonlar'ın yardım isteme işaretidir. Ve Kamil, hâkimin bu hareketi görünce Baraka'nın mason olduğuna hükmedip onu serbest bırakacağını iddia etmektedir. Buna benzer kimi olaylar Baraka'nın Sünni Müslümanlarla arasının biraz açılmasına yol açar. Ama ipler Kamil'in polis hesabına casusluk yaptığının açığa çıkmasıyla iyice kopar. Kamil Canevi'ndeki "fantastik" etkinlikleri dolgun bir ücret karşılığında polis bürosuna aktarmaktadır.

Böylece 60'lı yıllar biterken, Baraka kendini Kawaida doktrininin müntesipleri arasında bulur. Kawaida, İslami terminolojiyi yer yer kullanmakla birlikte, kendisi farklı bir din gibidir. Baraka, Kawaida doktrininin önderlerinden biri olarak isminin önüne İmamu sıfatını ekler. Artık Afrika elbiseleri giymekte ve Swahili dilini de konuşmaktadır. Karenga asıl etkinliğini Los Angeles'ta sürdürürken, Baraka doğu bölgesinde liderliği yürütmektedir. Ne ki, doktrinin bazı kısımları çok saçma gelir ona; bu yüzden onları tebliğ etmez. Karenga onun bir "revizyonist" olduğundan yakınır. Sözgelimi, doktrin fazlasıyla ataerkil bir toplum düzenini savunmakta ve cemaat üyesi kadınların erkeklerin yanından geçerken kollarını göğüslerinde çaprazlayarak hafifçe öne eğilmelerini öngörmektedir. Buna benzer kimi uygulamaları Baraka kaldırır. Karenga'nın kadınlara yönelik cinsel imaları da ona ters gelmektedir. Karenga kadınların fazla örtünmemesi gerektiğini söyleyen, herkesin ortasında onların fiziksel özelliklerinden bahseden biridir.

Benzeri anlaşmazlıklar ve karısının da yoğun telkiniyle, Baraka, doktrinden bir kopma sürecine girer. Kendi örgütleriyle anarşist Kara Panterler örgütü arasında gittikçe tırmanan gerginlik Karenga'yı paranoyak kişiliği içinde görmesini sağlar. Sekiz yıl ilişkisini sürdürdüğü doktrinden ve Karenga'dan kopar. Baraka'ya göre Kawaida'nın üç temeli vardır ve üçü de yanlıştır: (1) Tek adam örgütü olması, lidere aşırı teslimiyeti; (2) ataerkilliği ileri boyutlara vardıran zihniyeti; (3) içi boş metafizik inancı. Kültürel bir devrim olacaksa bu, siyah halkların devrimi olacaktır. Ona göre, politika da bunun en önemli aracıdır.

70'li yıllarda Baraka'nın üzerindeki en büyük etki eşi Amine'nin etkisidir. Baraka'nın eşi, Sünni İslam'a meyletmesine ne ölçüde karşı koyduysa, Karenga'ya yönelmesine de o ölçüde karşı çıkmıştır. Yine 70'li yıllar, Baraka'nın (bu kez karısının da katılımıyla) sola iyice çark ettiği yıllardır. Mao'yu, Lenin'i, Marx'ı okumakta ve sosyalizmin zorunluluğuna inanmaktadır. 1974'te Altıncı Pan-Afrikan Kongresi'ne katılır ve Nyerere ile görüşür. Kimliğini artık "Amerika Afrikalısı" olarak açıklamakta ve Afrika'yı anayurt olarak kabul etmektedir. Eşi Amine Afrikalı Kadınlar Konferansı'nı düzenlerken Baraka da önderlik ettiği CAP (Afrikalı Halklar Kongresi) örgütünü Marksist-Leninist bir örgüt olarak ilan eder. Bohemlikten devrimciliğe, oradan muğlak bir İslam'a, sonra kültür milliyetçiliğine uzanan çizgi Marksist-Leninist durakta mola verir.

Baraka yaşamı boyunca uğradığı dönüşümlerin hep bir şeylerin hazırlığı olduğunu söylüyor özyaşam öyküsünde. Son durağında ne kadar kalacağını kendisi de bilmiyor. 1982 yılına dek yirmi dört oyun, iki roman, yedi deneme kitabı ve on bir şiir kitabı yayınlanmış olan Amiri Baraka, Amerika siyah halkı ile Afrika ulusları arasındaki bağları kuvvetlendirmeye çalışmanın yanı sıra, halihazırda Afrika çalışmaları doçenti olarak akademisyenlik de yapıyor.

Amiri Baraka'nın bir nehir gibi akan düşüncesi, şairin yaşamına Malcolm X'in gölgesi vurunca gerçek yatağını bulmuş oldu. "Beatnik"likten üniversite hocalığına uzanan çizgi üzerinde Baraka, Malcolm'den miras kalan bir şeyden vazgeçmiyor: "Siyah Bilinç"ten.

Öte yandan şairin, Malcolm X'in Nation of Islam'dan kopmasıyla başlayan ve giderek daha sahih bir İslam anlayışına evrilen düşünce sürecini yeterince kavrayamadığı anlaşılıyor. 60'lı yıllarda siyah muhafeletin İslami terminolojiden hayli faydalandığını göz önüne alırsak, yaşanan kavram kargaşasının "Sahih İslam"ın algılanmasını zorlaştırdığı söylenebilir.

Bunu şöyle de telaffuz etmek mümkün: Her insan, önünde sonunda kendisine biçilen nasibi yaşıyor...

LONDRA MEKTUBU: "MODERN HAYAT ÇÖPLÜKTÜR!"

Bu şehrin kasveti insanı boğar. Hani o güzelim parkları olmasa, gri bir kenttir Londra. Göğü gri, ırmağı gridir. Sokaklarda siyah ve beyaz üst üste biner ve gri bir kalabalık telaş saatlerinde yeraltı trenlerine akar. Yeraltı trenlerinde gazete ve çok satan romanlar okunur. Bir de vagonlara iliştirilmiş şiirler vardır: Keder yüklü dizeler kentin yorulmuş insanını başka yolculuklara çıkarır. Uzun ve dolambaçlı yeraltı dehlizlerinde müzik yolunuzu keser. Bir zenci gülücükler dağıtarak davudi sesiyle Rock'n Roll'un unutulmaz nağmelerini okur. Bir kadın yürüyen merdivenlerden indiğiniz sırada sizi kemanıyla karşılar. Maişet dünyasında, bırakacağınız üç-beş peni onları sevindirecektir. Bir de karanlık sokaklara inildiğinde, bile bile lades yaparcasına, lüks dükkânların önünde battaniyelerinin sıcaklığına çekilenler vardır. Kıvrılıp gecenin soğuğuna karşı siper alırlar. Bu şehirde otuz bin evsiz yaşar. Ve üzerinde bir odada, hasret günlerimi yaşadığım Zippy lokantasına her akşam kimsesiz İngilizler uğrar. Kendi kendilerine konuşur, güler, her akşam aynı şeyleri yer ve aynı köşede otururlar. Bu şehir onların illetidir. Bir duvar sloganı bunu açıklar: "Modern hayat çöplüktür!"

Bu şehir İngilizlerin olduğu kadar Hintlilerin, zencilerin, Rumların ve Türklerindir de. İngiltere'nin üç milyon yabancısı burada yaşar. Hint, Çin ve Türk lokantaları yıllar yılı damak tadı nedir bilmemiş İngilizler'e değişik lezzetler sunar. Karşılığında sterlin alır. Zippy'nin mutfak şefi Ali bu memlekette kral olmaktansa kendi memleketinde peynir-ekmek yemeye razı olduğunu söyler ama buraları bırakamaz. Az daha para biriktireyim ister. Öte yanda savaş sürer. Yarım kiloluk İngiliz gazeteleri Bosna yazar. Hükümet, askeri müdahalenin tekerine hep çomak sokar. Ya askerlerinden birinin burnu kanarsa! Gazeteler hep Bosna yazar. Aslında kimin umurundadır. Geçmişi türlü günahlarla kirlenmiş imparatorluk, medya ile günah çıkartır. Ama kan lekesi öyle kolay çıkmaz. Bir yapışmaya görsün, sırıtır durur. O leke fark edilmesin diye, imparatorluk bütün elbisesini kana boyar. Bosna feryâd ü figan arasında atlaslardan kaybolur.

Bu şehrin kitapçıları güzeldir. Müslüman kitabevinin yanında feminist kitabevi durur. Raflar tıklım tıklım doludur. Hastanenin ilan panosunda Hıristiyan ve Müslüman teşkilatların ilanları kardeşçe yaşar. Arada Budistler'in ilanları vokal yapar. Bu şehir farklı olan her şeyi bünyesinde birleştirip birarada tutabilir. Belki de bu sayede hayatiyetini sürdürür.

Bir yandan, burası pop kültürünün ikinci üssüdür. Daha doğrusu, içi boş Amerikan gösteri dünyasının işlenerek içerik verildiği, sağlamlaştırıldığı bir atölyedir. Hollywood ve müzik endüstrisi bu ülkenin medyalarında bir değer ve içerik kazanır. Üçüncü Dünya'nın yapacağı, artık bu vitamin haplarını yutmaktan ibarettir.

Ve Londra'da bombalar patlar. Durmadan dövdüğü ufak kardeşi, fırsatını bulduğunda tekmeyi yapıştırır. Kameralar şehri tarasa da, bir bomba yolunu bulup şehrin kalbinde patlar. Türk lokantasının garsonu sevinir. "Bizimkiler yine başardı!" der. Uluslar liginde İngiltere'ye karşı neden Kuzey İrlanda'yı tuttuğu, yorgun bedeninden tüten sıla özleminden anlaşılabilir. Milli maçlarda ülkesini farklı yenerek gurbetçi gururunu inciten İngiltere'ye ofsayttan atılan bu golü kendi hanesine yazar.

Ve hayat sürer. Bosna'da film biter. Oysa Londra sinemasında matineler devamlıdır.

EK

Ben Yokum, Beni Karıştırmayın

Odalar dolusu kitap
bunca basılı kâğıt
Akıl ve selüloz karışımı
hamurdan yoğrulmuş kafalarınız;
Mezarlarınıza kapanmış konuşuyorsunuz.
Vıdı vıdı vıdı konuşacaksınız
Melekler perçemlerinizden tutuncaya kadar
Kurtların, böceklerin çeneleriyle...

Ben yokum, beni karıştırmayın;
Kulaklarımı balçıkla sıvadım ben,
—Yukardakiler de—
dualarınıza, âminlerinize...

Vıdı vıdı vıdı vıdı...
Bunca sözü nereden buluyorsunuz?
Ne kadar çok şey istiyorsunuz,
Ne kadar çok şey biliyorsunuz,
Mezar taşlarından, kitabelerden çok...

Ayıp, ayıp!...
Tanrı konuşmak için
sizin susmanızı bekliyor.

Cahit Koytak